تدوينات

ابراهيم أعبيدي

اذكر ربك إذا نسيت

*

عنوان الكتاب	:	اذكر ربك إذا نسيت.
المؤلف	:	ابراهيم أعبيدي.
التصفيف وتصميم الغلاف	:	إبراهيم أعبيدي
المطبعة	:	smashwords
الطبعة الأولى	:	1445ه/2024م
الناشر	:	ابراهيم أعبيدي
البريد الإلكتوني	:	aabidibrahim@gmail.com
الهاتف	:	0661272720
الحقوق	:	محفوظة للمؤلف
الموزع	:	smashwords

تقديـــــم

الحمد لله الذي أمر بذكره، وجعله منشور ولايته. والصلاة والسلام، على نبيه، الذي اصطفاه من خلقه، وعلى آله وصحبه.

وبعد، فهذا كتاب تالٍ، أُعِدُّه للطبع والنشر، بعد كتاب "لنحذر العكاز" الذي أصدرته في نفس العام. ومن الجدير أن يُشار إلى أن هذا الكتاب، في أصله، تدوين أبقيت عليه كما كان، مُكوَّن من عدة مقاطع قصار، يتصدر كل واحد منها عنوانٌ، نشرتها، على صفحتي بمنصة الفيس بوك، بشكل متتال، ما عدا المقطعين الأخيرين. وذلك في الفترة الواقعة بين السابع عشر من شهر مارس من السنة الحادية والعشرين بعد الألفين، والحادي والثلاثين من شهر يوليوز من نفس العام.أي خلال أربعة أشهر وأربعة عشر من الأيام. وقد كنت اخترت لها: "لا تنس ذكر الله" كعنوان.

وقد نسجت فيه على نفس المنوال، الذي سرت عليه في تصنيف ذاك السفر بشكل عام، سواء من حيث ما اعتمدته، من أساليب ومبانٍ، أو من حيث الموضوع العام. وإن كنت، في هذا الأخير، قد خصصت العام، فتكلمت في إطار الإصلاح، عن أمر مرتبط بإصلاح نفس الإنسان، باستحضار حضرة الملك الديان. وذلك بلزوم ذكره بالقلب واللسان.

فالإنسان، محتاج، إلى ربط الصلة بالذي أوجده **لأول مرة**، لكن تبقى العقبة الكأداء أمام إعادة ربطها، هي شِباك الأنا التي تجعله لا يرى إلا نفسه وقد أهمته في سفره وحِلِّه، وهو يتصورها غاية في القوة والحرية، دون أن يفطن إلى أنها تحمل، في ثناياها، نقطة ضعفه، حيث تتناسل احتياجاتها، التي يندفع لتلبيها بشكل مُتتال، قصد سدِّ نقصه. ما أن يتوهم سدَّ بعضِها، ويحس بنخوة تحقيق الانتصار على نقصه، حتى يفاجأ، من جديد، بشبح الحاجة وقد انتصب مرة أخرى، أمامه كظله. وهكذا يبقى منشغلا بنفسه، بين فرح بما جَدَّ في

مِلْكه، وقلقٍ عليه مِن فقْدِه، أو أسىً على فواته وضياعه من يده. إذا أصابته سراء، انغمس في طلب الشهوة، حتى تجاوز فيها حده. وإذا ابتلاه ربه بضراء، استسلم لليأس وهم بالانتحار، والتعجيل بموته؛ وقد أنساه الشيطان، في كل هذه الأحوال، ذكر ربه. فحُرم سكون الاطمئنان في قلبه. وألهاه توارد هموم الدنيا على قلبه. كلما فرغ من همّ إلا وتلاه هم آخر على إثره، حتى تنقضي هذه الدنيا بحلول أجله، فلا يجد غير الوهم والسراب مِن حوله.

فلا يقتحم هذه العقبة، فيخرج من عذاب الحلقة المفرغة، إلا بربطه الصلة بربه، برؤية أنه ليس متروكا لوحده، وأنه مغمور بنعمته. فيهرع إلى ذكره. وذلك هو مدخل الطريق إلى ولايته وحرزه، حيث يتجلى نور توفيقه وهدايته. هنالك يتوقف انشغاله الدنيوي بهموم نفسه، فيضعها كلها بين يدي ربه، بعد فعل الأسباب التي في وسعه، متوكلا على الذي، كل مقاليد الأمور لا تعزب عن علمه، وأزِمَّتها طَوْع يده. فيكون الشعور بالاستغناء بالله، مِن حُسن ذكره. فكانت أفضل طريقة لنفع المرء تفسَه، هي أن يذكر ربه، مستحضرا أنه مدين لفضل ربوبيته، في كل شأنه. فذاك هو المعنى الحق لذكر الإنسان لنفسه، حيث يتحرر من عبودية أناه، ووضاعة الوقوع تحت سلطة هوى نفسه، ويتبرأ من دعوى قوته وحوله. وتلك بعض جوانب ربطِ الصلة مع الله عن طريق ذكره، التي حاولت أن أبرزها في هذا الكتاب، بقوة الله وحوله.

وإني إذ أضعه بين أيدي الأخوات والإخوة المتتبعين، والقراء الأعزاء، بشكل عام، أرجو الله أن يكون محاولة تفيد في هذا الشأن، وأن يتقبل ما قد يكون فيه من سديدِ الأقوال، وينفع به في تقويم وإصلاح الحال. وأن يتجاوز عما عَلِق به من زلة أو هفوة أو خالطه من اعتلال. وأن يصحح فيه القصد والنية، ويُذهب ما قد داخلني بسببه من رياء، وأن يبارك فيما جاء فيه من معان وأفكار.

ابراهيم أعبيدي. أكادير في: 10 غشت 2021.

قال الراوي: رأيت هذا المساء الكاتب بن عباس، بعد أن رجع من سفرٍ غيّبه شهرا، كي يضع عنه ما أثقله، طوال سنوات، من مؤلم البأس، وتجرد من بعض ما يحمله المسافر من أمتعة ولباس، وقد اعترته موجة من الخجل من نفسه، وتعرَّقت منه أخمص القدمين، وتطأطأت منه قمة الرأس، وكأني بكلمات تخرج من صدره مع ما يخرج من ساخن الأنفاس: "إن من أوهام الأنانية الكامنة فينا، أن نتوهم أننا قائمون بذواتنا، فنرانا وكأننا قد استغنينا بأنفسنا، فننسب كل ما تحقق لنا من خير، إلى خالص ذكائنا ومُفرد جهدنا". قلت: "وهل لا ينفعنا بالأسباب فِعلُنا، وينصلح، بما نبذل من جهد، أمرُنا؟ أليس قد وضع السننَ في هذا الكون ورتَّب النتائج عن الأسباب ربُّنا؟"!.

رفع رأسه قليلا، وكأني به ينظر من طرف خفي، وقال: "هوِّنْ عليك أيها الصاحب الصفي، فذاك باب كم زل فيه من متفلسف ذكي! نعم، مهلا أيها الخِل الحبيب الوفي! ولا تكن مثل ذاك الفتى المغرور الغبي، الذي كان يسير بالليل تحت نور بدرٍ وضيء، فظن أن البدر يتبعه، من دون الناس، امتثالا لأمره الخفي. في حين أنه إنما جعله وسخره لكل الخلائقِ، ربّي. فلو شاء وذهب به عنا وعنه، فمن ذا الذي، من بَعدِ ربنا، علينا يضيءُ؟ إنه الرب الذي يمسك لنا السماء والأرض أن تزولا، وما من أحد منا في ملكه إلا وهو محتاج إلى رعايته وعنايته مثلما يحتاج، إلى ولده، الصبيُّ!". قلت: "والأسباب؟". قال: "نعم! الأسباب نعمة في مُلك الله، لا ينكرها إلا متكلِّسُ العقل خرافيُّ الفكر غبيٍّ، ولا يتركها أو يغفلها، في العادة، إلا أحمق متهور شقي، ولا يَظهرَ خرقُها أو انخرامها إلا في كرامةٍ صالحٍ ولي.

لكن الأسباب، في آخر المطاف، ليست سوى خضوع لأمر الرب القَدري. ذلك الرب الذي اتصف ببالغ الحكمة وتنزه عن النقص، فله كل الكمال. نبَذ العبث والفوضى، فسن السنن وشرع النظام، ليكون به لنا استمرار القوام. فحتى لو كنا نتحكم في دقات القلب، كمثال، لتستمر بانتظام- وهو من قبيل محال- فلا شك سيغلبنا عنها النوم، وعند أول غمضة ينتظرنا الموت الزؤام. لكن مشكلتنا هي أن كل واحد منا لا يشاهد سوى ذاته، عندما

يستيقظ حيا معافى بعد موتة المنام. ويغفل عن استحضار فِعل الحي القيوم، الذي ليس لنا بدونه قيام.

والحق أني، وبعد فترة من عمري أمضيتها بين التردد والتمنع والتخوف، أخذتني نوبة من التأمل، في ترفُّق وتلطُّف، سرح الفكر أثناءها عبْرَ معجم رجال السنة في علم التصوف، أهل الوصال والصفاء والورع والصدق والتعفف، وقد رأيت علاقة جِدّة البصر بصادق الغرام المشحون بحرقة التشوف. وأدركتُ رابطة التفكر في المحبوب بالرغبة الجامحة في طَرق باب الوِصال والشوق إلى المكاشفة والتعرف. وشيئا فشيئا بدأ شبح جدران زنزانتي في التعري والتكشُّف، هناك حيث يسجنني حُب رؤية ذات نفسي والتقرب إلى الأغيار، من أجل هواها، في ذِلَّةٍ وتزلُّف.

إنها الحلقة المفرَغة التي يُحدِثها شهودي لنفسي، ولجمهور أغيارها، بما فيه من تصنُّع وتكلُّف، وقد أثقلتني أغلاله وأيأستْني من أية فرصة للتحرر والتخفف. فأصبح الخنفسَ في عيني غزالا، غاية في الأناقة والجمال، وصارت عندي غايةُ التوسعة والتنعم هي الانغماس في منكر البخل والتقشف. وغدوت أشتهي ازدراد الجِيَف، وأعاف طيبات الجنان، ويغلبني، مِن سِحرِ عِطر عروسي الطاهر المُقَيَّنة، الميلُ إلى النفورُ والعيافة والتأفُّف. وكذلك هوى النفس عندما يفرضه وهْمُ شهودها، يُعمي عن مفتاح سبيل السعادة، بداء حب السراب، ويجعلنا نطلب الشقاء في استعجالٍ وتلهُّف. ونُصِرّ على أن نصنع شروط وقوع فضيحتنا وسوء عاقبتنا غصباً وعن تعسُّف.

فيا ويلَ العبدِ مِن شقاء يحيق به مِن مِثل هذا الشهود، إذ يظن نفسه فيه سيداً حراً من كل القيود، لكنه كلما تراءى له في الماء ظلُّه كالجذع الممدود، ظنَّهُ إلهاً، فصار في سويداء قلبه أعظم مقصود. ولو كُشِف له الحجاب عن سؤته، وسطع أمام بصرِه قبسُ النور من ذاك المنفذ المسدود، لأدرك يقينا أن إلهه ذاك، هو أحقر ما عبد الناس، عبر التاريخ، مِن معبود. فقد علمنا، إذاً، أن ليس مِنْ حجاب. أمام شهود الرب، أغلظَ من شهود النفس، ضمن كل ما علمناه في هذا الوجود.

والرب، يعني السيد والمالكِ، ضمن ما لهذا اللفظ في اللغة من دلالة. كما يعني المُرِّبي، بما يحيل عليه فعل التربية من تنشئة وتدبير وقيام بالشأن ومن رعاية، وجبر وإصلاح وهداية، وتعهد وإنعام وعناية. وهو لا يطلق على غير الله إلا مقيدا بإضافةٍ، كأن نقول عن شخص بأنه رب الأسرة، أو رب السيارة. أما عندما يكون غير مضاف، فلا يُقصد به غير الله في تلك الدلالة. إذ أن الله هو الرب حقيقة، رب العالمين. فهو، على خلقه، صاحبُ الفضل والإنعام، مِن خَلْقٍ وهداية وتدبير وقيام، وحفظ وعناية ورحمة وإكرام.

فربنا الله، هو الذي أُسبغ علينا منهُ ظاهرَ وباطن النعم، وعظيم الآلاء، التي لا يحصرها عد أو يحيط بعددها إحصاء. فكل ما بنا من نعمة فمن الله. وكل ما نراه منها يصلنا من خلقه، إنما هو تسخير واستخلاف لهم فيها من الله. ومهما وجب علينا شكرهم، فإن أصل الشكر يبقى لمن أجراها على أيديهم، وهو الله. لذلك لم يُجِز لهم المن بها علينا، إذ المنة كلها لله. فلا أصل في النعم لغيره، وما يفتح لنا من رحمة فلا ممسك لها، وما يمسك فلا

مرسل له من بعده، وإِن يُرِدْنا بِخَيْرٍ فَلَا رادَّ لِفَضْلِهِ. فكيف لمن أبصر منا ما يتوالى عليه من عظيم نعمته، ألّا يسعد بمعرفته ويهيم بمحبته!

لكن العقبة الكأداء، كما أسلفنا، هي أن نتخلص من شِباك شهود أنفسنا، لنرتقي بها إلى شهود ربنا. فنرى يده الكريمة في الخفاء ترفق بنا. هي تسوقنا وتهدينا إلى ما يصلحنا ويصلح لنا، ونلمح لطفه الخفي، فيما كتبه لنا وقدره علينا يشملنا. وعندما نقتحم تلك العقبة، فإننا نلتفت إلى شواهد نعمه، وآثار ربوبيته، والتي قد تكون في دعاء استجابهُ لنا، أو نجاة من مكروه صرفه عنا، أو هداية منّ بها علينا، أو رزق طيب ساقه، من حيث لا نحتسب، إلينا. فتستقر تلك الدلائل على تلك الربوبية في عقولنا، ثم تخالط معرفتها قلوبنا، فلم نعد نرى مِن دونه وليا لنا، وعظمت محبته في أفئدتنا، فانتقلنا بذلك الشهود للواحد ربنا، إلى رؤية حقه علينا، بإعلان الشهادة بأنه المستحق وحده للعبادة منا.

أساسا العبادة: القصد والامتثال:

إن العبادة هي لب حاجتنا إلى الدين، وجوهر التدين عند العباد، وهي مناقضة تماما لعبودية الاسترقاق والاستعباد. فهذه الأخيرة تكون طاعة في الظاهر، لكن عن كراهية قلبية في الباطن وإضمار للعناد، في حين أن العبادة الحقة لا تكون أبدا عن إكراه أ وقهر أو جِلاد، وإنما عن حرية واختيار. لذلك قضى ربنا ألا إكراه في الدين أو ضغط أو إجبار. إذ أن الغاية التي خلقنا من أجلها هي أن نعبده، لا لحاجته إليها، ولكن ليبلوا منا الأخبار، فيميز الأبرار من الفجار، ولن يكون أي معنى لعبادتنا له، إذا كانت عن مجرد طبع وقهر واضطرار.

فالعبادة فعلٌ، ابتداؤه توجُّهٌ خالص بالقلب، من طرف العابد، إلى المعبود، خوفا وطمعا، قصد التقرب إليه. وأساسه تذلل وخضوع يجعلانه يتحرى التقرب منه بما يطلبه منه ويرضيه، وانتهاؤه طاعة، هي مستحقة له، اعترافا بنعمه العميمة التي بها يربيه. ففي العبادة توجُّه وقصد

من العابد للمعبود، مع استسلام وانقياد واتباع له فيما يحبه ويرضيه. فأساسا العبادة: القصد والامتثال. وهذا لا يصح لنا أن نُقِرَّه إلا لله رب العالمين، وعن كل من سواه نُسقطه وننفيه.

فأما القصد، أو النية، فإرادة ناتجة عن الاعتراف بألوهية ذلك المعبود. وجزمٌ بألا أحد أحقّ منه بالعبادة في هذا الوجود. فهو المعبود بحق، الذي يجب، بكل أنواع العبادات، أن يكون هو المقصود. وهو مقتضى شهادة ألا إله إلا الله التي هي مفتاح الحياة الطيبة وجواز العبور الآمن لما بين الدنيا والآخرة من الحدود. والحق أنها النتيجة المنطقية لشهود المنعم رب العالمين، التي لا يُحرِم منها إلا كل ضال مفقود، أو جاحد بنعم الله كفور، ولربه كنود. وحتى من شهدها بلسانه عن نفاق، فإنه لا ينفعه عدم إظهار الإنكار والجحود، ما دام قد حُرِم من صدق القصد الذي محله القلب، فضاع منه إدراك المقصود، رغم ألا أحد، غير الله، يملك سلطة التفتيش والتنقيب، في ثنايا القلوب التي جعل فيها مقاصد الناس ونواياهم، من الخبايا والأسرار. إذ جعل إخلاص النية سرا بينه وبين عبده، لا يطلع عليه أحد من خلقه، إنس ولا جان، ولا ملَكٌ ولا شيطان.

بل إنه حتى الذين بلغوا مبلغا في صدق التوجه والقصد، من أهل الإيمان، قد يحدث أن يداخل عباداتهم حب السمعة وطلب المحمدة عليها من لدن الأغيار، ويخالطها الرياء في كثير من الأحيان. فتَفسُد عباداتهم لمّا فَسُد فيها القصد أو النية، التي هي فيها أول الأركان. وهي أساس ذكر ربنا من أن يطمسه، في قلوبنا، النسيانُ.

وإذا كان غياب أو انحراف النية والقصد في أي عبادة، مهما بدت صالحة في ظاهرها للعيان، قد يحولها، من جانبٍ، إلى كفر أو شرك أو نفاق أو رياء، أو على الأقل يحولها إلى مجرد عادة ميتة في باطنها؛ فإنها، من جانبٍ ثانٍ، عندما تخالف ما يحب الله أن نعبده به، تتحول إلى عصيان أو ابتداع أو ضلال، مهما أخلصنا لله فيها صاحبها. فلا عبادة بدون طاعة. والطاعة هي خضوعٌ لإرادة المطاع، وتسليم وانقياد له واتباع لِما حدد بالبيان. وهذا الأصل في عبادة الله يجمع للعبد أمرين: الأول هو إرضاء ربه، والثاني فهو صلاح أمره.

ففي الأمر الأول نجد أن غاية العبادة هي إرضاء المعبود. ورضاه لا يمكن أن يُنال إلا بفعل ما نسترضيه به. ولا يمكن أن نعلم نحن ما يرضيه إلا من خلال ما شرعه وبينه فأخبرنا به. فحتى في محاولتنا لإرضاء والِدينا، كثيرا ما نكتشف أن الطريق إلى ذلك ليس هو الاجتهاد في أن نفرض عليهم طريقة نحبها نحن، مهما سمت وعلا شأوها، بل هو تحري ما يُحبّانِ أن نصنعه لهما أو بهما، مهما بدا ذلك غير ذي شأن أو ذي قيمة في نظرنا، وقد نستقلُّه أو نحقره في حقهما. فالأمر لا يتوقف على إدراكنا ولا على نُصحنا ومجرد إخلاصنا، فقد لا ندرك سر اختيارهما أمام اختيارنا. ونفس الشيء، يمكن أن نقوله في تقييم واختيار هديتنا، عندما يقع، على قنينة عطر ثمينة لشخص نحبه، اختيارُنا، فنكتشف، بعد حين، أنه لم يفرح بهديتنا كما توقعنا؛ في حين قد تُفرحه هدية أدنى منها وأقل ثمنا. فكيف وأن الله ربنا سبحانه أحكم الحاكمين في كل ما يختاره ويشرعه من عبادات لنا.

وهذا يحيل إلى الأمر الثاني، حيث أن ما شرعه وسنه الله لعبادته هو الأصلح لنا، حيث نجد أن شهودنا لإنعام ربنا علينا، يُكسبنا يقينا في قلوبنا، بأنه مهما اجتهدنا بعقولنا في ابتداع هيئات تعبدية خاصة من عندنا، وابتكرنا طرقنا الخاصة المعَيّنة، لعبادة ربنا، فلن تكون إطلاقا أحسن مما وضع وشرع الله لنا، ولا أصلح لنا ولأمرنا. لأنه أمر من عند العلي الأعلى، وسيظل هو الاختيار الأنقى، والسبيل الأكمل والأرقى. ولن تنفك حاجتنا إليها أشد وأوْلى. فالعبادة، كما شرعها ربنا لنا، ستبقى دوما هي الفضلى، من حيث والكرامة والرحمة والمصلحة والتيسير. لأنها من وضع أحكم الحاكمين، العليم الخبير، الذي لا يبلغ مقامه أحد في كمال الإحسان وسداد التدبير. فهو الرب القائم على صلاح خلقه، الهادي إلى ما فيه سعادة عبده. وليس إلا الضلال بعد ما أنزل من الهدى. ومن طلب تمام الصلاح بالاستكبار والاستنكاف عن اتباع هداه، لا شك يضل ويخطئ ويشقى. وتلك هي أمنية إبليس التي يكد من أجلها ويسعى.

فمع خَلْقِ الله لأبينا آدم، تحوَّل إبليس، بفعل الكبر الحسد، من عابد لله إلى أكبر شيطان. إذ لما قضى ربنا أن يجعل الأولَ خليفةً في الأرض، قَدَّر عليه الابتلاء بالشيطان، لينسيه أمر ربه فيقع مع زوجه في العصيان، ثم يتذكران فيتوبان، لكنهما بالهبوط إلى الأرض يؤمران، بعد أن ذاقا راحة ولذة نعيم الجنان. وما الاستخلاف فيها، بالمعنى الواسع، إلا مكابدة المستخلِف لمقتضيات الثبات على طريق عبادة الرحمن. حيث يكتمل طوق الابتلاء حولنا، بما يمتزج في كياناتنا من تثاقل الطين مع تسامي الأرواح، ويتدافع في نفوسنا مِن الفساد مع الصلاح. ويتواجه في الأرض، من خلالنا، الإفساد والإصلاح. وتتصارع فينا نزعة البناء والإعمار مع نزعة التخريب ونزوة الدمار، باعتبار أن الله جعلنا أمام الابتلاء العظيم بواجب العبادة، والقيام بأعباء التكليف وتحمُّل ثقل الأمانة.

فإذا كان الأساس الأول في هذا الابتلاء هو توفر عنصر المسؤولية وحرية الاختيار بين العصيان والطاعة؛ فإن الأساس الثاني، في الابتلاء بأمانة العبادة، هو ما يواجهنا من موانع وعراقيل تفتننا عن سبل الهداية. وتلك مهمة إبليس اللعين التي تفرغ لها بكل حقد وعداوة، وتخصص فيها بكل أساليب الفتنة والغواية، مع جنودٍ جِنةٍ وآدميين مُعبَّئين، من شر القرناء وسوء البطانة.

لكن هذه الموانع التي ينصبها من أجل إنسائنا وإلهائنا عن وظيفتنا في عبادة ربنا، لا تستهدف وجود العبادة، فهو يعلم يقيناً، أن الناس، بفعل ما فطروا عليه من الحاجة إلى الديانة، سيظلون محتاجين إلى التعبد ولو بالخرافة. لذلك فمحور مشروعه هو صرفنا عن ذكر الله بتحريف وجهة القصد ومصدر الامتثال فيما نقوم به من عبادة. لذلك لا تعجب إن رأيت، عبر مرور الزمن، كيف يتحول، بتزيينه وتضليله للناس، قويمَ الدين وجميلَ العبادة، فيما أنزل الله من رسالات التوحيد والهداية، إلى مسخٍ من الشرك والضلال والخرافة، وطقوس بشعة لتعذيب النفس وحملها على حب النجاسة، والارتكاس في الانحطاط والرداءة. ومن أجل ذلك كان ربنا يرسل في كل مرة رسولا ليصحح ما أحدثه الشيطان من تحريف في صلب العبادة، إلى أن قضى أن يحفظ أصل الدين بختم الرسالة. فالمعركة الحامية والدائمة التي

يخوضها إبليس وأتباعه من القوادين إلى سُبل الضلالة والدناءة، بكل حقد وتبييتٍ للانتقام والتأْذِية، هي من أجل أن ننسى ذكر الله، فتزيغ أبصارنا عما أنعم به علينا من نور الهداية.

لقد أخبرنا ربنا أن الشيطان ليس له على العباد أية سلطة لحملهم على فعل ما يريده منهم بالإكراه والإجبار، إلا أن يطيعوه عن إرادة منهم ورضا واختيار. وأنه، يوم القيامة، يتبرأ، هو نفسه، ممن أطاعوه، ويذكرهم بأنه ما كان له عليهم من سلطان، إلا أنْ دعاهم فاستجابوا له واتبعوه. فما على أحد من قوة لإبليس، غير التضليل والإيهام والتلبيس. وهذه القوة إنما تفعل فعلها المنحط البئيس، عندما ننسى ما بذاكرتنا من علم نافع، هو في العمل على نجاة أنفسنا، نفيسٍ.

وإني، هنا، لا أقصد بكلامي مطلق النسيان. إذ كما أن الأنانية في حدودها المعقولة، ضرورية لحماية الذات، كي تستمر في الوجود سليمة، وبالمعافاة مشمولة؛ فإن النسيان أيضا قد يكون، في كثير من الأحيان، ضروريا للإنسان، كما في نسيان ما يصيبه من مصائب تلحق به قدرا من الآلام والأحزان، فيطلب ملجأً منها في التسري والسلوان. وإنما الخطر يكون في النسيان، عندما ينسى ربَّه الإنسانُ. وصحيح أن النسيان طبعٌ ملازم لكل إنسان، لكنه قد يتحول فيه إلى مقتل، يَنْفُذ منه طائف الشيطان، عندما يَعدم التذكر قصد استرجاع وعيه بحقيقة وجوده، واستحضار خطورة وضعيته في الأذهان. وهي أنه مِن الله، وقائم بفضل ونعمة الله، وأنه كله لله، هو وما يملك من مال، وأنه لا بد راجع إليه يوما، مهما تأخر أجله، ومهما لبث مِن عُمْرٍ في الزمان.

ففي نسيان العبد لربه هلاكه، إذ يترتب عنه نسيان نفسه. وقد حذَّرَنا ربنا من أن نكون كالذين نسوا الله فأنساهم أنفسهم في هذه الدار. وقد عَلِمنا أن سنّةَ الله في مقابلته لمعاملة الخلق له، معاملتان. فعندما يعاملونه بالطاعة والإقبال، يجزيهم بالزيادة والإحسان. في حين يعاملهم بالعدل عندما يبارزونه بالإعراض والنكران. فإذا تقرب إليه العبد شبرا، تقرب إلى ذلك العبد ذراعا، في حين حذرنا من حال الذين نسوا الله فنسيهم، حيث نفس المكيال. ولا

شك أنهم بذلك سيخسرونها يوم القيامة حين ينصب الميزان. وهل يوجد أشقى من الذين خسروا أنفسهم في تلك الدار؟ إن نجاتنا بأنفسنا متوقفة على مدى مجاهدتنا لها، حتى لا تشرُد في مستنقع الغفلة عن ذكر الله بالنسيان. فلو أن آدم وزوجه نسيا ما أمر ربهما، لَما كان قد أغواهما الشيطان.

حفظ العبادة، بين ذكر الله ووسوسة الشيطان:

إن العبادة في ديننا هي أساس العلاقة بربنا، وهي المعراج إليه. فلا يمكن الانقطاع عنها مهما بلغت درجة العابد لله، إلا بموته ورحيله إليه، طمعا في العودة إلى الجنة من حيث هبط والدانا، بعد تجاوز عقبة الحساب بين يديه. جنة عدن التي وعد الرحمن عباده بالغيب، الراغبين إليه، الذين اتبعوا هداه واستقاموا وتبثوا عليه. ولذلك كانت العبادة أعظم ما يجب أن يحفظه العبد لنفسه ويحرص عليه. كما أنها هي أهم ما يستهدفه إبليس من شؤون العبد، بخبيث وسوسته له، وتفننه في تزيين المعاصي له، مع الإلحاح في ذلك عليه، كي يُذهله ويُضله عن طريق العودة إلى الجنة، ويقطعه عليه.

وإذا كانت العبادة، كما أسلفنا، تتكون من روح، هي أن يُنوى ويُقصد بها وجه ربنا، ثم مِن شكلٍ هو أن يُمتثَل فيها لما شرعه من الدين لنا، فإن أهم ما نحافظ به على روح وشكل عباداتنا هو الذكر على كل أحياننا وفي جميع أحوالنا. لذلك قرن الله كل العبادات بذكره، بل جعله اسما من أسماء الكتاب الكريم الذي أنزل إلينا، والذي هو جُماع العبادة التي شرع لنا.

والذكر، في مبدئه، هو أولاً: فتحٌ للصدر والقلب بمجاهدة هوى مواجهة الحق بالإعراض والجحود والتكبر، وحمْلٌ للبصيرة على الإبصار بالتبصر، وهو أمر لا بد فيه، لكل أحد، حسب مستواه الفكري، من إعمال ما يسَّر له من قدرة على النظر والتفكر، ثم إن الذكر، ثانيا، هو في وسطه: علمٌ مُحصَّل بمكابدة التتلمذ على المصادر الموثقة المشهود لها بالنزاهة والتبحر. وأخيرا فإن الذكر، ثالثا، هو في منتهاه: مجاهدة لعوارض الشرود والغفلة والنسيان، لضمان استدامة التوبة، قصد مواجهة أي انحراف عن الطريق السوي الموصل إلى جنة الرحمن،

وتأمين الأوبة إليه، بتجاوز كل عوارض الكبو والتعثر. وذلك بالتعرض لنفحات التذكير، والمبادرة إلى المراجعة الدائمة والتذكر.

ذكر الله هو أهم ما في وجودنا، والمنبع الدائم لسعادِتنا:

نعم، إن ذكر الله تضج به أرجاء الكون، ابتداء من أضعف مخلوق في الملكوت، إلى خلق ذي نصيب من العظمة والجبروت. فلله يسبح من في السموات والأرض، وبذكرهم لله تتنزل شآبيب الرحموت. ولما أخبر ربنا ملائكته بما قضى من خلق أبينا آدم، ومن استخلافٍ له في الأرض بالدين، تساءلوا كيف يجعل فيها من يفسد فيها، وهم قائمون بواجب عبادته، بالتسبيح بحمده والتقديس له، في كل حين. لكنهم لم يحيطوا بما له، في علم الله، من تكريم، بحمل راية الأمانة، هو وذريته من دون العالمين. وحيث سيخرج من صُلبه الأنبياء وعموم الصالحين والمصلحين. الذين سيتميزون في عبادته، عن الملائكة، بمجاهدة النفس ومدافعة وسوسة وإغواء الشياطين، لا عن جبلة وطبع لا يعرف أية عراقيل. وهي العبادة التي تشغل فكر وقلب وجوارح العبد، فتجعله كلما ذكر الله، يذكره اللهُ بأحسن ذكرِ الذاكرين.

وأيُّ شعور بالفخر والاعتزاز أسمى من ذاك الذي تشعر به يغمرك في الوجدان، وأنت الكائن الضعيف والعبد الفقير باستمرار، عندما يذكرك، في ملئه الأعلى، ملِكُ الملوك، ذي الجلال والإكرام. ويباهي بك خلقه الأطهار، وملائكته الكرام؟! وإذن فإن ذِكرنا لله، هو الذي يرفعنا من مستوى الوضاعة، ويُعلي لوجودنا في هذه الحياة، الشأن. ويرفع لنا المقام. وبه تهدأ وتتحصن نفوسنا، فتَثْبُت أمام وسوسة الشيطان، وتقاوم ما يصيبنا من غضب أو شهوة أو جزع من عوارض الانفعال. وبه تأنس قلوبنا، ببركة القرب من ربنا، فتتذوق رياض جنة السكينة والاطمئنان. وعلى قدر رصيدنا منه، تشعر أرواحنا، عند قبضها، بلذّة الشوق إلى ربنا، وببرد الارتياح والأمان. وبه نطمع أن يكتبنا ربنا من المفردين السابقين إلى الجنان.

وقد ورد في الحديث، كيف أن صحابيا رأى بأم عينيه السكينةَ تنزلتْ بتلاوته للقرآن[1]. ولذلك حذرنا رسولنا الكريم من أن نجلس مجلسا دون أن يكون لنا فيه نصيب من ذكر الله، حتى لا نكون، عند تفرقنا منه، كمن قاموا عن مثل جيفة حمار[2]. وقد أرشد الحبيب مَن

كثرت وتشعبت عليه أنواع النوافل، بأن يحرص على أن يبقى منه رَطباً، بذكر الله، اللسانُ[3].
بل إن كل العبادات إنما يعظُم أجرها بقدر ما كان ذكر الله فيها بالإكثار. ويكفينا إسعادا
بالذِكر، أنه يشغل ألسنتنا، ويبعد القلق والضجر عن نفوسنا، ويصد عنا سلبيِّ الأفكار. وكم
جربنا ذلك أثناء ضغوط الوقوف في الصف، وغيره من مواقف الانتظار.

الذكر أساس لزوم الدين، الذي هو مظنة النجاة يوم الدين:

وأظنُّني لم أخطئ التعبير، عندما قلت: " مظنة نجاتنا يوم القيامة بلزوم الدين"، ولا أنا
من المترددين في الإقرار بإحسان الظن برب العالمين، مهما بدت الأبواب موصدة، وأصاب
الخوَرُ مني القدمين. فلا شك أن ما وعد به ربنا الذين تبعوا دينه، حقٌّ ويقين. لكن ذلك
اللزوم لا يكون بمجرد أماني المتمنين المغترين، بل دونه موانع، من بينها تثاقلُ النفس وتقلُّبُ
القلب واستهواء الشياطين. وهو عين الفتون العظيم، والبلاء المبين. لذلك كتب الله على
المصلين أن يكرروا في كل ركعة، مع فاتحة الكتاب: "اهدنا الصراط المستقيم".

فالهداية المعتبرة، التي هي لزوم الدين، ليست مجرد أن نضع على الطريق القدمين، بعد
أن نبصر معالمها بالعينين، فيما يشبه ضربة مقص لقطع شريط واهن، في غمرة الفرحة بحفل
تدشين، بل هي بداية تحتاج إلى إمداد مستدام، بالرعاية والتوفيق والإلهام، لتثبيت القلب على
جادة الدين، أملا في بلوغ سعادة النهاية، بأن نموت مسلمين، وقد أنطق الله ألسنتنا
بالشهادتين.

فالعبد في معترك الثبات على صراط ربه، ضعيف بنفسه، لا حول له ولا قوة إلا بعناية
من ربه. ومن ظن أنه يستغني بذاته، إنْ وكله الله إلى حيلته وجهده، فقَمِنٌ أن يضل بعد
هُدىً، فيهلك ويُرَدَّ على عقبه، إن هو نسي ذكر ربه. وما هلاك إبليس وأصل مصيبة اللعنة
الدائمة التي أصابته في نفسه، بعد أن كان ينعم بدرجة عالية في عبادة الله ومكانة سامية
بقربه، إلا بسبب رؤية وهْمِ فضلِ ذاته وأصله، ونسيان ذكر ما يتمتع به من عناية وفضل ربه.

فلا بد للعبد، مهما اهتدى واستقام حتى أشرف على التمام، وبلغ في تدينه علوَ درجةٍ
وسموَ مقام، أن يذكر ربه فيه، فيطلب منه حفظ وزيادة الهداية باستمرار، وأن يلتمس منه قبول

15

ما تقرب إليه به من صالح الأعمال وجميل الفِعال. فكما لا قيام، لأحد منا بنفسه، في وجوده وكونه، من دون ما يحيطه به ربنا من رعاية وإنعام، فكذلك لا استقامة لنا بدون منة من الجواد المنان، تحُول دون أن تتقلب قلوبنا، أو أن تسوء بِتدينا الحالُ. ومن ثم نداوم على ذكره فنستعيذ به من الشيطان، الذي يتربص بتديننا في كل لحظة وآن.

وقد أخبرنا نبينا، عليه السلام، أنه رأى رجلا من أمته قد احتوشته الشياطين، فجاء ذكر الله فطير الشياطين. ثم إنه بعد ذلك لا نجاة لأحدنا بمحض عمله يوم الدين، عندما نقف خاشعين بين يدي الديان، وقد وضع الميزان، يختبر به قيمة ما قدمنا من أعمال، إلا أن يتغمده برحمته الرحمان.

التدين القويم والعلاقة بين الدَّيْن والدِّين:

إن من عجائب اللغة العربية التي تتحدى الزمان، والتي قضى ربنا أن يُكرمها فيُنزل بها القرآن، أنْ نجدها تُتقن، عن مفهوم الدين، الإفصاح والبيان، من خلال تضافر دلالات فعل "دان". ففي هذا الفعل، نجد معنى الاقتراض أو الدَّين أو الارتهان. فنقول: "دان فلان بمبلغ من المال لفلان"، مما يوجب عليه رده على التمام، أو نقول: "هو مدين بحياته لفضل فلان"، مما يوجب الاعتراف له بالفضل على الدوام. كما نجد في هذا الفعل معنى الامتلاك والسيادة، مقابل الخضوع والطاعة والذلة والاستسلام. فنقول: "دانت البلاد أو المدينة لحكم الدولة الفلانية أو للملك فلان". كما يأتي فعل "دان"، بمعنى المحاسبة والحكم باسم القضاء، والإدانة والاقتصاص وإيقاع الجزاء، فنقول: "دان نفسه فلان"، أي حاسبها على الأفعال. ونقول عن الحاكم أو القاضي: "الديان".

وكما بدأنا، في استعراض دلالات فعل "دان"، وانتهينا فيها بواقع الدَّيْن، وانتهينا فيها بالمحاسبة والحكم والجزاء، من خلال وضع الموازين، مرورا بحق الخضوع للسيد المُدين، فإننا نجد أن ابتداء أمْر الدين هو ما أنعم به، على عباده، رب العالمين، من نعمتي الإيجاد والرعاية السابقين، وما يترتب عنهما من حق الاعتراف بربوبيته، فيخضعون له، بأن يَدِينوا بما رضيه لهم من شرعة ودين. ويُسْلموا له، باعتباره رب العالمين، وخوفا من مقتضيات عدله، ألا يكونوا

له من العاصين، وطمعا في ثوابه فيحرصون على أن يظلوا له من الطائعين. إذ كلفنا باتباع ما شرع من الدين، عندما أنزل الكتب، وأرسل المرسلين، ووعدنا بيوم القيامة، حيث يقيم العدل، ويقضي بين عباده بالموازين.

فربنا هو ملك يوم الدين. يومئذ يقضي بين خلقه بالحق، وهو الخبير العلام، الحَكم الديان. يوم يملك الأمر كله، وهو الملك العدل الحق، الواحد القهار، إذ تَعْنو الوجوه له، فلا ترى من الخلْق غير الذلة والانكسار. ولا تسمع منهم إلا همسا، وقد خشعت الأصوات للرحمن، وزاغت من أصحابها الأبصار، وبلغت القلوب الحناجر من شدة الوجل والقلق، والترقب والانتظار. يوم تُجزى كل نفس بما كسبت، والجميع بما قدموا من عمل في ارتهان، فإما إلى جنة، أو إلى نار. وما ربك بباخس عملِ أحدٍ من العبيد، ولا ظلاَّم. ففي يوم الدين، حيث البعث والحساب والجزاء، حتى ولو على مقدار ذرة من الأعمال. بالميزان، يكشف ربنا عن حقيقة تديننا، الحجاب والستار، ويظهر التدين القويم من سلوك الغي والضلال، ويبلو منا الأخبار.

وإن لنا في جسر الصراط، يومئذ، المُحاط بعظيم الأهوال والأخطار، لَتَذكرةٌ لأولي الأبصار، كي يذكروا ربهم في ذلك اليوم العصيب الحار، عسى أن يُلزموا أنفسهم، ما حيوا باستمرار، بالسير على صراطه المستقيم في هذه الدار. فاللهم ثبت منا الأقدام، وسدد لنا السير واحفظ لنا استقامة المسار، على الدوام.

أساس الدين خصاصة ونقص فينا، وغنى في ربنا، وكمال:

وقد سبق في عنوان أول مقطع، أن أحدنا ليس له بذاته قيام، ولو لِلَحظةٍ، فأي إنسان إنما هو قائم بتدبير وعناية من ربه. مهما جعل فيه من قوة وقدرة. ذلك أن القوة التي تبدو فينا، هي محاصرة بضُعفي الطفولة والشيخوخة، مع ضعف ثالث قد يفاجئنا على حين غرة، في أعز فترة نظن أنفسنا فيها أشد وأقوى. فنحن محاطون بحُجُب الغيب، مهما أوتينا من ذكاء وخبرة، مهددون في شروط وجودنا في أية لحظة، بأقدارٍ منوعة جمة، ما لنا على دفعِها من

حول ولا قدرة. فما نحن في حياتنا سوى وابل من الحاجات والضرورات، تتتابع وتتعاقب علينا تَتْرى. لا نكاد نفرغ من تلبية الواحدة، حتى تُلح وتضغط علينا الأخرى.

ومع أن الله سخر لنا ظواهر الكون، لنواجه ضروراتنا بما علَّمَنا من خبرة، وأقدَرَنا على حلِّ ما يعترضنا من مشكلات في طريق حاجاتنا، بما ألهمنا من فكرة. فإن الشعور بنقصنا، قد يطل برأسه في كل مرة، مهما حاولنا أن نتكلف الكمال، بالوصول إلى قمة الثروة أو السلطة أو الشهرة، وأن ننفق، في سبيل ذلك، كل ما لدينا من جهد وقدرة؛ فإن ما نظنه قد اكتمل لنا، من ذلك، أو تم، قد لا يلبث أن يعتريَه النقصانُ، الكرَّة بعد الكرَّة. وإن القلق لينتابنا، من أعماق نفوسنا، بانكشاف خصاصتنا، مهما امتلكنا الحطام بكثرة. وكلما أحسسنا بلذة ما في دنيانا من زهرة، فإنه يكفي أن نرى الموت من حولنا، وهو يتربص بنا، ليغيبنا، بعد من سبقونا، فيما ينتظرنا من حفرة؛ حتى تتحول كل اللذات إلى غصة في حَلاقِمنا، وحسرة.

إنه نقصنا وفقرنا اللذان يظلان، كظلّيْن لنا، يتبعاننا، في هذه الحياة، بالخلقة والفطرة. ويجعلان منها حياةً دنيا، تتصل فيها الرفاهية بالعسرة، لأننا فيها، من نسل زوجين ذاقا لذة نعيم الجنة، وأزلهما الشيطان عنها فأخرجهما مما كان فيه، لنكدح ههنا ونشقى. وذانك النقص والفقر بالذات، إذا لم يستغلهما فينا الشيطان لِجرْفنا إلى طريق الضلال والشقاء، يظلان هما أساس الشوق إلى ما عند الله، مما هو خير وأبقى. إذ يشكلان دافع بحثنا عن طريق التدين، لكي نستغني به في هذه الحياة ونرقى. باعتباره الطريق الموصل إلى ربنا جل في علاه، المتصف بصفات الكمال، المنزه عن كل نقص، مما هو فيمن عداه. فهو الغني بذاته عن غيره، والمحتاج إليه كل مَن سواه. حيث طريق الرجعة إلى الجنة، باتباع شِرعتِه وهداه. فذلك النقص، وذلك الفقر العميقان، لا تنطفئ نارهما، ولا يرتفعان من أعماقنا، إلا بذكر الله الرحيم المنان.

فربنا الغني الحق، لا ينقطع نبع عطائه، ولا تنفد خزائنه أو ينقضي الخير من أياديه، ولا يضجر من إلحاح مَن سأله، ولا من كثرة سؤاله. يعطي بعد أن يُسأل، بل حتى قبل سؤاله.

ويجيب السائل، فيعطيه خيرا وأحسن من كل مراده. يجيب من اضطر إذا دعاه، ويغيثه بالمدد حتى قبل اضطراره. بل لو وصلك من غيره عطاءٌ، فاعلم أنه هو من ساقه إليك وسخر لك في ذلك من يعطيك من عباده، فهو الله الذي جمع بين الجود والغنى، حتى تفرد بعظيم العطاء، ففاق كلَّ معطي، وتميز في فعل العطاء بسموه وكماله. فبربك، قل لي أي حُوَّيْجة لنا، أو حاجة مهما عظُمَت، تُعجز ربَّنا؟! سبحانه، هو المتصرف بقول: "كن"، في كل أكوانه. فهي، كلها، رهن تدبيره، وتحت أمره وسلطانه.

إن حاجاتنا عديدةً لا يحصيها عدٌّ، وواسعةً لا يحدُّها حدٌّ. وقد تبدو مستحيلة، فنتوهم أن سؤالنا إياه، حتما، سُيَرَدُّ. حتى إذا انبعث، في القلب صادقا، ذِكْرُ ربنا، فاجأنا وأدهشَنا منه اللطف والعطاء والمد. في حين أننا، مهما توسلنا إلى حاجاتنا بعبادٍ يُجري على أيديهم قضاءَها، فلا بد أن نُتعبهم فيها، فينالنا منهم التضجر والتأفف والرفض، أو نُعجزهم بها، فينالها منهم المنع والدفع والرد، أو نُحرجهم بها، فيكون لسعيهم فيها توقف وحد. أو يغريهم ما كشفنا أمامهم من ضعفنا، بتوسلنا إليهم، فيكون نصيبنا منهم الازدراء والصد. وقد يدفعهم إلى فضحنا، أمام غيرنا، مسارعتهم إلى التشكي والمن.

لكن ربنا، وهو في كمال علوه وتمام غناه عنا، يعجبه الإلحاح ودوام التردد على بابه، منا، فيستحي، إن توجهنا إليه، أن يردنا. ويفرح إن رجعنا إليه، لِيُقبِل علينا بوجهه الكريم، فيقبلنا. وينزل من عليائه إلى السماء الدنيا، من أجلنا. ويُفضِّل أن نبكي بين يديه، ونذِل ونمرغ جباهنا بتراب أعتابه، خُفيةً وفي الخلوة، أو في جوف الليل في الظُّلمة، ليسترنا. وإن كان في ذلك شرفٌ عظيم يدنينا منه، فيرفعنا. وعندما يرى أعيننا تدمع طمعا فيما في يده، فإنه يرحمنا فيعطينا. وكلما سمع ألسنتنا تلهج بذكره، فإنه يكفينا همنا، ويقضي حاجتنا، ويسد فاقتنا، فيرضينا. وإذا علم أننا توجهنا إليه لنستغني به، فإنه يُفيض علينا من عطائه، وعن كل الأغيار يغنينا. فتبارك الله من إله، ومن ربٍّ، وكفى بدينه لنا دِينا. والحمد لله على أن كان لنا الله ربا، رب العالمينا. وهو حسْبُنا، فبه اكتفينا وشبعنا وارتوينا.

وقد علم الناس، عبر كل ما مرَّ من سحيق العصور والأزمان، أَلَّيْسَ لغير الله بقاء ولا دوام. وأننا إذا ما اعتمدنا على من سواه من الأغيار، فقد يصيبنا منهم الانقلاب والتنكر والخذلان. ومهما ثبتوا على عهدهم من أجلنا، فإنهم مُعرَّضون لعوارض الضعف والعجز والاضمحلال. ثم إنهم مهما أبقاهم الله لنا، فكلهم، عنا، إلى رحيل وزوال، مهما طال الزمان. وإذاً، فإن اعتمادنا على غيره، وتشبثنا بغير حبله، إنما هو اعتماد على سراب، وتشبث بتخيلات وهلاوس وأوهام، ويكفي أن نستحضر، كيف يقف أمامنا الجميع عاجزين، واجمين، عندما نجود بأنفسنا عند لحظة الاحتضار، حتى نوقن بأننا لن نجد، أمامنا، إلا الله. وأليس لنا عندها سواه، ولا لنا عند غيرها إلا إياه. ألا، فتداركنا ببرد لطفك يا ألله، وارحمنا قبلها وعندها وبعدها، يا من ليس لنا سواه!

ومع أن هذه هي الحقيقة، التي لا تحتاج إلى بيان، فإنها تعتبر أكثر ما تُغيِّبه الغفلةُ فينا عن الأذهان، ويُعجزنا، عن تذكره، النسيانُ. وهي الحقيقة التي ما يفتأ إبليس يطمسها بالتزييف والتلبيس، على الدوام. ومعلوم، بالطبيعة والأصل، ضعفُ كيد الشيطان. فهو لا يستقوي علينا، إلا بضُعف فينا، يفرز الغفلة والنسيان. وهو ضعف متغلغل في أنفسنا، لا يَنْجبر إلا بقوة، نستمدها من ذكر الرحمن.

وإنه مهما خضنا من معارك مادية، وألحقنا فيها بخصومنا الآدميين ساحق الانهزام، فإن النصر فيها لا يلبث أن يتحول، على أيدينا، إلى علو في الأرض وتجبُّرٍ وطغيان، ذلك أن ربنا يكلنا إلى أنفسنا، عندما يعلم أننا لم نعد نرى في انتصارنا غير فخامة أشخاصنا، وننسى أن نذكر الله الذي هيأ لنا كل أسباب النصر في الميدان، وألهمنا طرق اكتساب القوة، ولا يزال. فأخطر ضعف يُردينا بكشف ظهورنا ويُعرِّينا، هو الضعف الناتج عن تحالف النفس المتفلته فينا، مع العدو الشيطان.

وإذا كانت حالة السلم، لا توجد باردةً إلا في عالم المثال، أو في كتب قصص الخيال، فإن ما يظهر من هدوء على السطح'في أيِّ حالة سلام، ليس في الحقيقة سوى نتاج لكفاح ساخن، من أجل ضمان التواجد في طريق السلامة باستمرار. فحالة السلم، في عمقها، هي تلك الحرب الباطنة، التي لا يُسمع لها إطلاق نار، ولا يُرى لها دخان. فعلى حدود كل دولة في العالم، تشتعل حرب المرابَطة اليقِظة، بأبدان متأهبة، وأنامل، فوق زناد الأسلحة، متحسسة، ومناظير مقرّبة، وراءها أعين فاحصة متبصرة، تظل وتبيت يقِظة ساهرة متوترة. وبما أن حسم المعارك لا يكون إلا بالتفوق في امتلاك وحسن إدارة القوة المتوفرة، فإن القوة لا تكون دائما من جنس الحديد والنار. بل إن الضُّعف نفسه، قد يتحول إلى قوة ضاربة، عندما يتجنب صاحبه مواجهة خصمه فيما يتقنه ويخبره ويتفوق فيه، ذلك الخصم، من مواقع وأساليب في الميدان.

وكذلك معركتنا الدائمة مع الشيطان. ففيها لا يمكننا مجاراته في قوة دوافعه في الميدان: من غرور بنفسه، وقسمه على بلوغ هدفه بقوته وحوله، في تحد وإصرار. فواضح أن ضعفنا بأنفسنا، أمر واقع حتى في مقاومة نفوسنا ومدافعة إغراء ووساوس الشيطان. وذلك، كلما اغترينا بجهدنا، واعتمدنا كليا على حولنا، وأنِفْنا من التبرؤ من جُهدنا، وغفلنا عن الاستعاذة والاستعانة بربنا. مهما كان كل ذلك في طريق اجتهادنا في الطاعات ومجاهدة أنفسنا. لأننا به نُعطِب علاقتَنا بربنا.

وإن ما يُضعفنا عن حفظ العلاقة السليمة بربنا، في كثير من الأحيان، هو أن ننسى أن ليس لنا غيره في جميع الأحوال، وعلى الدوام. وإنما يقوي تلك العلاقة هو التفقد والتعهد لتلك الحقيقة بالتذكر الدائم والاستحضار، في كل لحظة وآن. وتماما مثل خطاطة وبنية الأمن القومي للبلدان، فإن أمننا الروحي، مبني على مراقبة وضبط وتكسير حلقة التحالف بين العميل الداخلي والعدو الخارجي، وأخذها في الحسبان. فإنما يجري منا، مجرى الدم في العروق، كيانُ الشيطان. وهو واضع خرطوم وسوسته على قلب الإنسان باستمرار، مثلَ القنّاصٍ، يترصد لحظة الانسياق مع غيبوبة الغفلة، أو غلبة عمى الشهوة، وفقد السيطرة على العقل بالانفعال،

ويتحين فرصة انطفاء الذاكرة بمطفأة الجهل والنسيان. فتلك هي فرصة العدو المواتية في أية معركة، ليشن علينا هجومه الخاطف، ويباغتنا بالعدوان. وحيث نتراخى، فلا نأخذ حِذْرَنا، ولا نلتزم أسلحتنا، التي هي ذكر ربنا، على كل الأحيان.

فلْنذكر، حين نغتر بوهم قوتنا، ألاَّ قوة لنا إلا بالله:

فمهما بدا غيرُ الله قويا، فربنا هو القوي الأعلى، فله القوة جميعا، وأمرُه هو أنفذ وأمضى. سبحانه من قائم في خلقه بالحق، وهو الأعدل فيما قضى. أما غيره، فمحكوم بأمر الله، مهما أظهر من قوة وأبدى. ومهما جاوز حده فتجبر وطغى، أن رأى نفسه قد استفرد بالقوة واستغنى. والتاريخ يبين كيف تتبخر قوة جبارة، تلو أخرى، بعد أن ظن الناس أنها تدوم وتبقى. فالقوة في غير الله، إنما جَعلت فيه عرضا للابتلاء، وبعدها تضمحل وتفنى. فلا غالب إلا الله، ولا يعجزه شي في الأرض ولا في السماء، وهو في ملكه، سبحانه، يقضي ما يريد، ويفعل ما يشاء.

ويكفي أن نتأمل كيف خُلقنا من ضعف، ونصير إلى ضعف بعد قوة، فنعلم، يقينا، أن ما بنا من قوة، ليس منا أصلا، بل هو منه وحده، مهما بذلنا فيها من الجهد حدَّه. فكم من جهد بذلناه من أجل تحقيق هدف لنا، فكانت نتيجته ضده. وكم ممن كد في أمر، فوق كد الكادين، فأبطلت رياح القدر كَدَّه.

وليس معنى هذا بخْس للأسباب بشروطها، أبدا، وإنما القصد أن يعرف المرء فيها حقيقته ويلزم حده. فلا يغتر بقوته فيصيبه جنونها ويطغى. فلا سهل إلا ما جعل ربنا لنا سهلا. وهو، إن شاء، جعل السهلَ علينا وعرا. فإنما جُعلت الأسباب لكي نتحمل مسؤوليتنا، ونحن نكدح في هذه الأرض. ولو شأ الله لرفع الحجاب الذي يحجب الخوارق عنا، كما هي الحال في الجنة، ولكنه أجرى بها العادة، لنُختبر بها ونُبلى. وينظر ربنا كيف نعمل ونحن نختار ونملك من القوة على القدرة قدرا. إذ لا يكلف سبحانه نفسا إلا بما آتاها فيه وسْعا.

ويوما، على طاولة الجراحة، تم تمديد جسمي. فتقدم إلي طبيب التخدير لتخدير نصفي. فما هي إلا لُحَيْظات، أردت بعدها تحريك رجلي، فتبرمت، ومالبثت أن تمردت على

22

أوامر دماغي، بعد أن كانت مطواعة له تتحرك وتقف وتمشي. عندها أدركت حقيقة ضعفي، فغمر كياني، واردٌ من ربي، تعجز عنه عبارتي، فهو يفوق وصفي. لكني إذا قلت لكم عنه: "أنه لا قوة لنا إلا بالله"، فذلك، يغني في وصفه ويكفي.

من الناحية النفسية، يمكن اختزال هذه الحياة التي نكابدها ونحياها، إلى مواقف، من خلال وضعيات تتعاقب علينا، نُبتلى فيها، من أمَرِّها إلى أحلاها. إذ قد كتب الله فيها لنفوسنا، بالخير والشر، بلواها. ففي الوقت الذي نركض فيها، طمعا في أن نُدرك من المتعة بمتاعها أقصاها، وقد بهر زخرفُها أعيُنَنا وأعماها. نجد نفس الواحد منا تَتَوهَّمه أسعدَ البشرية، وهو، في طويته، أشقاها. فموج الفتن قد أذهل نفوسنا ودهاها، وعن واجبها في التزكية، ألهاها. لكن الأدهى، في كل ذلك، أن نجد الشيطان، قد تخبطها عند كل فتنة، إذْ ذِكْرَ ربها قد أنساها.

فحياتنا كلها، تكاد تتلخص في إدراكنا للأوضاع أو الوضعيات التي نعيشها، وفي شعورنا بآثارها علينا، واستجاباتنا لها، والمواقف نتخذها منها. لذلك تجد الناس، فيما بينهم، يختلفون كثيرا أو قليلا، في نوعية ودرجة إدراكهم لتلك الوضعيات ولحجمها، وفي نوعية مشاعرهم تجاهها، ودرجة تقييمهم لمدى ما تخلفه عليهم من آثارها. وبالتالي تباينهم في مواقفهم منها.

وهنا دور العقيدة الكبير، ووزنها الخطير، بما تخلفه في سلوكنا من الآثار.. إما إيجابا، بدعم التوازن والهداية والاستقامة والاتزان، وإما سلبا، بإفراز الاضطراب والانحراف والاختلال. ومن هذه الزاوية، كان بين الناس الاختلاف. وتفرقوا في رُؤاهم للحياة، فأهلك كثيرا منهم الكفرُ والانحراف والضلالُ. فكانت العقيدة الصحيحة هي رأس العلم. وكانت معرفة الله، بالنسبة لموسوعة المعرفة، هي رأس المال. وقد تولى الله بيانها لعباده برسالاته، لأن استكشاف الغيب بمجرد الظن، هو مجرد رجم بالغيب، وهو محال. ومادامت العقيدة الصحيحة لا تُعرف إلا من الله، لا بتخرصات وتخريفات البشر، فإنها تبقى هي ضمان ذكر

الله، العاصم من أوهام النفس ووسوسة الشيطان، وهي البوصلة التي مَن حُرم منها تاه، والخارطة الحقة التي تُؤَمِّن الوصولَ إلى الله.

فذِكْرُ ربنا، لا يمكن أن يتيسر أو يتم، بدون علم صحيح بذات وصفات الله، ومعرفة قلبية سليمة بالله. ففي كل ما يَسُرُّنا مِن فرحٍ، أو يُفجعنا من قرح، أو يغيظنا من غضب، أو تضيق به صدورنا من حرج، أو يثقلنا من كرب، فإن هناك من يترصدنا، في تلك المواقف، عن قرب، ليوردنا مورد الشقاء الصعب. إذا لا تلبث أن تصل وسوسات وهمزات من شيطان، بسرعة سيارة الإسعاف إلى عين المكان. وكيف لِمن جهل ربه، ألا يغلبه عدوه في حرب النسيان، وليس غير الله ملهمٌ لسلاح ذِكره، وهو المثبت في ذلك الموقف، ونِعمَ المستعان؟!

ذكر الله سبب فوق الأسباب، يثبتنا به عند أي اضطراب:

حين نعلم حقيقة أنفسنا، فما أكثر ما يظهر لنا اضطراب حالها، مهما حاولت، أمام الناس، إخفاء مظاهر ضعفها. فإذا مسها خير أو سراء، من مال أو منصب، أو نالها نصيب من نجاح، رأيتها وقد غالبها شيطان شحِّها، وأفلت، من قمقمه، عفريت زهْوِها، وتشوفت إلى إخضاع واستعباد غيرها. بل ولربما ترآى لها الكون مِلكا في يدها. فترى الشخص الصعلوك الحافي العاري النكرة، إذا ما ربح من جلسة قمار الدنيا نعلا بالية أو خرقة، يتطاول تطاول ظل المساء، ويتمطَّى تمطِّي الهرة المهملة العجفاء، إذا مرَّرت على ظهرها يدك من الشفقة والرحمة، أغلظت لك القول بمنكر المواء. وهي تكاد تقول: أنا ربكم الأعلى.

وإذا مس أنفسنا شرٌّ أو بلوى، أو نزل بها ضر أو ضراء، ارتجفت من الجزع كورقة الخريف أمام عاصفة هوجاء. فهي لا تكاد تثبت أمام موجة حزن أو فرحة، ولا نوبة غيظ أو غضبة، ولا هزة نزوة أو شهوة، ولا في موقف خوف أو فزعة. وباختصار المختصر: إن أنفسنا تضطرب، فلا تذكر في كل تلك المواقف إلا نفسها. فهي محتاجة، كي تثبُت، إلى أن تذكُر ربها.

فذِكر الله سبب في تحصيل الثبات في كل مرة. فبه يثبتنا الله عند ما يصيبنا في موقف من المواقف الاضطراب والافتتان والحيرة، بل هو، بذلك المعنى، سبب فوق كل الأسباب.

لذلك قد ترى رجل أعمال، قمة في النجاح والازدهار، إذا تعلق بإدارة أسباب تحصيل الأرباح من الاستثمار، فإذا أصابته مصيبة، كأن تدفعه قوة قاهرة إلى الإفلاس، تراه قد تملكه الاضطراب وفقد الاتزان، وساقه ضعفه، عن طواعية، إلى مشنقة الانتحار، كما يسوق الريح علبة كرتونية جوفاء في انسياب وإذعان. لا لشيء إلا لأنه لم يوفق إلى ذكر مسبب الأسباب الذي يتحكم في زمام كل الأقدار.

ذلك هو الله الذي يملك مقاليد السموات والأرض، وإن من شيء إلا بيده وقيْدَ أمْرِه. بما في ذلك، إلهامُنا المسارعةَ إلى ذكره. وما ثباتنا، في المواقف كلها، إلا من عنده، لذلك ليس لنا، إلا التوجه إليه بصدق، والإلحاح على طلب توفيقه وعونه. وهو الكريم الجواد الذي لا يبخل أبدا على عبده. يثبت الذين آمنوا بالقول الثابت، في الحياة الدنيا وفي الآخرة، بفضله، إذ اطلع على ما في قلوبهم، وعلم ما في صدورهم من صريح التطلع إليه، والإخلاص في قصده. فاللهم نسألك تثبيتا دائما لقلوبنا على دينك، ولأقدامنا على طريقك، فعجل يا ربنا به .

لا تنس ذكر ربك بذكر نفسك، بل أذكر نفسك بذكر ربك:

إنه لأمرٌ طبعي ألا ينسى الإنسان نفسه، في الدنيا، وأن يذكرها. وذلك بتجنب أي تهديد يتهددها، أو التعرض لأي مصلحة أو منفعة من أجلها. واستثمار أي ميزة لديها للرفع من قيمتها. وتلك هي الوظيفة الحيوية والمفيدة للأنانية- إن صح التعبير- في معترك حياتنا. لكن المشكلة هي أنه عندما يُدمن الإنسان على ذكر نفسه وعبادة ظله، فإنه ينسى أنه ليس قائما لوحده، وأنه إنما يوجد ويستمر ويتقوى بفضل ربه، وأن كل الأسباب إنما تنصاع في خدمته، بتسخيرها له من الله، لا من عنده.

وهنا ينسى المرء ربَّه، فلا يذكر، في كل المواقف والأحوال، إلا نفسه. وهو في الحقيقة إنما ينسى نفسه. لأنه بنسيانه، عند المواقف كلها، ذِكرَ ربه، يسير بها نحو سوء المصير بظِلفه، مهما ظن أنه ينأى بها عن حتفه. حيث يحرمها من توفيقه وعونه. فيكله الله إلى قوته وحوله. فمن كان، في مواقف حياته، ينسى ذكر الله، ويغفل عن استمداد فتحه

فيها وعونِه، والاعتراف له فيها بفضله، وينشغل فيها بالجزع مما يصيبه أو التفاخر، فيما يكسبه، بذكر نفسه؛ إنما ينسى نفسه، من نصيبها في النجاة والفوز اللذين لا يأتيانه إلا من عند ربه. ولذلك، فإنه لمّا نسي الله، أنساه الله نفسه، وذلك من علامات شقائه، رغم ما يُظهره، في سبيل نفعها، من شدة حرصه.

فأنجع الطرق، لكي ينفع المرء نفسه، هي أن يذكر أنها قائمة بنعمة وفضل من ربه، فذلك هو المعنى السليم لذكر المرء لنفسه. حيث ينسى ذكر أنانيته، في كل ما يصيبه، خيره وشره. ويهجر اعتداده واعتماده على محض قوته وحوله. فيتذكر أن كل ما أصاب من فضل أو نعمة، فهُما خالصان مِن عند ربه. ويتذكر، فيما أصابه من مصيبة أو قَرح، أنه من قدَرِه، وأنه لله، وألّا بد هو راجع إليه. وكلما غلبته شهوة الحرام، أو غضبة الانتقام، أو غفلة النسيان، فإنه ينقذ نفسه من السقوط في وحلِها، بتذكر مراقبة ربه، وأنه سبحانه يَعْلم خائنة عينيه وما يخفي في صدره. فذلك معنى أن يَذْكُر العبد نفسه بذكر ربه. فلا يتركها مُسيّبة تجري به إلى قعر حتفه. فيقي، بذلك، نفسَه من شر نفسه. إذ أن المتقي، إذا مسه طائف من الشيطان، تذكَّر، فإذا هو مُبْصِرٌ لطريق ربه.

إننا ضعافٌ خِلْقةً. ونقطة الضعف فينا هي احتياجاتنا التي نحن مدفوعون إلى البحث لتلبيتها باستمرار. فالنقص حاضر في كياننا بقوة، وهو يتهددنا في كل الأحيان. لذلك، فإننا، ما أن نشعر بسد حاجة من حاجاتنا، إلا واعترانا التفاخر والغرور والعجب، والميل إلى الترفع والتمنع والاستعلاء والاستكبار، ونحن نتوهم أننا حققنا غاية الاستغناء والاكتمال، لكن شبح النقص يظل ماثلا أمامنا، لا يفارق أعيننا، ولا يترك أذهاننا، حيث أن الحرص على التملك الدائم، لكل ما يسد تلك الحاجة، لا ينفك يلاحقنا، وذلك بالخوف عليه من الفوات، والقلق عليه من الزوال، ثم إن ذلك الزوال لا يلبث أن يصبح واقعا في العيان، فيعاودنا الشعور بنقصنا كما كان، إذ يفوتنا ما توهمنا امتلاكه من إشباع واكتمال، فنستسلم للشعور بالأسى عليه وقد غَشِيَتنا كُتَلٌ من الأحزان.

وهكذا نظل منشغلين بأنفسنا، نكابد نقصنا الكامن فينا: فنحن لا ننفك إما في فرح بما مَلَكناه، يُسكرنا ويخرجنا عن الاعتدال، أو في قلق على ذلك الممتلَك مِن الفقدان، يَحْرمنا من متعة السكون والاطمئنان، أو في أسىً على فواته، وألمٍ من الفقد والحرمان. وليس لنا ملاذ من حصار هذه الثلاثة من الأحوال، إلا حِمى الملك الرحمن، بأن نحمل أنفسنا على ذكره في كل تلك الأحوال. ثم إننا، مهما، فزعنا إلى ذكره، وفررنا إلى حصنه، قد نغفل أحيانا، فيُنْسِيناه الشيطان. وتلك حالٌ رابعةٌ، تمثل موضوع المجاهدة عند العباد الصُّلَّح الأخيار. الذين شغلوا أنفسهم، بالتشوف إلى بلوغ درجة اليقين في الإيمان، طمعا في مقاربة حقيقة الاغتناء والاكتمال.

وإنما مدار علاقة العبد بربه، على حقيقة ما وقر في قلبه. فإلى قلوبنا ينظر ربنا. وكما يقول المغاربة: "إن السر ليس في كتابة حرف نون، وإنما السر في أن يكتبها بيده سحنون". وذلك إشارة إلى قصة الذي غرق عند ما حاول قطع النهر بقطعة كاغد كتب فيها بيده نوناً، لما سمع أن غيره كتبها له سحنون، فقطعه بلا زورق أو سفينة أو قرقور.

إن الله يذكر عبده، فيجزيه عن ذكره، لكن إذا ذكره بشرطه:

وأعظم شرط هو أن يذكره بقلبه، رغم أن ذكر العبد لله بمجرد اللسان يُؤجر عليه. وذِكره له بالقلب هو استحضاره فيه، بصفاته العلى وأسمائه الحسنى، وما يرتبط بذلك من مراقبته في أوامره ونواهيه، وعدل قسمته، وحكمة تدبيره، وعظيم قدرته، واستشعار أنه في حضرته. فيجتهد في التقرب إليه. ويجأر بدعائه، ويتذوق الأنس بقربه، ويدرك شدة فقره إلى دوام عنايته. ويتشوف إلى أن يصبح من أهله وخاصته. وهنا مربط الفرس ورأس الأمر كله.

فذِكر العبد لله، عندما يصحبه وينتج عنه هذا المعنى، يزيد فيه من ثقته، ويثمر لديه اليقين بخيرية ما اختاره له في كل شأنه، الامتثال لأمره ونهيه، والرضا بتدبيره لشؤونه وبِقِسمته، وحسن الظن به. فيكرمه الله بوسام قربه، ويدخله في ديوان معيته. حيث أنه بقدر ما يكون العبد مع الله، يكون الله معه، فيذْكُره ويجزيه عن ذكره، كلما ذكره، وهو مقبل عليه بكليته. فلا يعود أمر نفسه يُهِمّه، وقد أحس بالأمن والأمنة، حينما أحسن الظن فيه بربه.

وقد أخبرنا ربنا عن المنافقين في غزوة أحد، أهل الشك، الذين أهمَّتهم أنفسهم[4]، وشغلهم الخوف عليها من القتل، لما ظنوا بالله غير الحق ظن الجاهلية، في مقابل المؤمنين، أهل اليقين في الله والتصديق لرسوله، الذين أنزل عليهم، بعد الغم أمنة نعاسا، فأكرمهم بالشعور بالأمن، لِما وقر في قلوبهم من اليقين به.

ذلك أن ذكر الله هو مفتاح عطاء الله وسر توفيقه وعونه. فمَن ذكر الله بقلبه، عند عملٍ من الطاعات، أخلص له في سره، فنال بعمله من عظيم أجره. ومَن ذكره، إيمانا به، عند مصيبة أو ضراء مسته، أمده بصبر من عنده، وهدى، إلى الاحتساب، قلبَه. ومن ذكره عند نعماء أو سراء سرَّتْه، ألهمه من جميل شكره، وأوْدَع التواضع في قلبه. ومن ذكره عند قلقه أو خوفه، أنزل السكينة في جوفه، وأشعره بأمان من عنده. ومن ذكره عند حاجة أو خصاصة، أعطاه وأغناه من فضله. ومن ذكره عند حالات عجزه وضعفه، أمده بقوة وثباتٍ من عنده. ومن ذكره عند مظلمته وذله، أشعره بالرفعة، وأذاقه عزَّ نصرِه. ومن ذكره عند انكشاف ظهره، وظهور نقصه، وانفضاح عيبه، شمله بدثار سِتْره. ومن ذكره عند هَمَّةٍ بذنب، تداركه بصرف السوء عن قلبه. ومن ذكره بعد زلة، عجّل له بتوبة من عنده. ومن ذكره وهو مهموم، كفاه الله أمر همه. وقد ذكر يونس، عليه السلام، وهو في غم بطن الحوت، ربَّه بكل قلبه، فأنجاه، في الظلمات، من عظيم غمّه[5].

فصفوة الخلق من رسله وأنبيائه وخاصته، هم قمة اليقين في الإيمان به، لا يساور نفوسهم شك في قدرته، ولا يتسرب إليها يأس من رحمته، ولا يغيب عنها، في مجريات الأحداث بالغ حكمته. لذلك اطمأنت نفوسهم في حضرته. وحَسُن ظنُّهم به، مهما عاينوا من شدة الزمان وقسوته. ذلك أن قلوبهم قد خلصت لربها، وتخلصت من تشكيك إبليس ووسوسته. فهي حاضرة معه بحسن ذكره، وهو حاضر معها بقدرته وعنايته وهدايته ورحمته.

فهذه أُمُّنا هاجر، عندما همَّ أن يهاجر أبونا ابراهيم، ويتركها، ومعها رضيعها إسماعيل، في قفر يرتعد الأقوياء من هول وحشته، لم تزد على أن سألته عما إذا كان الله هو الذي أمره بترك

ابنه وزوجته. فلما علمت منه أن الأمر كذلك، ما زادت عن أن قالت: "إذن لن يُضيعنا"، يقينا منها في عظيم قدرته، واطمئنانا إلى ثبوت حكمته، ووقوع عنايته وقرب رحمته. فكان أن أدركها لطف الله، وأنزل في تلك البقعة، التي كانت فيها معاناتها، عظيم سره وبركته.

وهذا يعقوب، وقد أعجزته أسباب البحث عن مصير فلذة كبده، وابيضت عيناه من الحزن عليه، مع طول مدته، ظل يحث بنيه ألا ييأسوا، في البحث عنه، من روح الله ورحمته. ويواجه تيئيسهم له، بكونه يعلم ما لا يعلمون من تدبير الله وقدرته. فكان أن جمعه بفلذة كبده، وهو في كامل رفعته وعزته.

وهذا نبي الله موسى، لما فر ببني إسرائيل من فرعون وفتنته، ووجدوا أنفسهم، قد حبسهم البحر من أمامهم، ويوشك أن يدركهم الطاغية، من خلفهم، بزبانيته. حتى ظن أصحابه أنهم لا محالة سيدركهم ويسحقهم ببطشته. فما زاد على أن قال بكامل يقينه في عناية الله ومعيته: "كلا، إن معي ربي سيهدينِ"، فكان ما كان من عجيب قصته.

وهذا نبينا الحبيب، إذ هو في غار ثور مع أبي بكر، أَحَبِّ صحابته، في طريق هجرته، وقد وقف عليهما، فيه، مطاردوهما من قتلة المشركين، حتى حزن صاحبه من إمكانية أن يراهما أحدهم لو وجّه نحو قدميه سهم نظرَتِه، فما زاد على أن طمأنه بأن الله حاضر معهما، وأنهما في معيته. وما أعظمه من شعور باليقين، ذاك الذي أودعه الحبيب في شريف مقالته: "ما ظنك يا أبا بكر باثنين اللهُ ثالثهما". وأعْظِم به مِن درسٍ، ضِمن دروس سيرته.

وصحيح أن الأنبياء والمرسلين، ومن في حكمهم من المفضلين المصطفين، لا يمكن لأحد منا، بتاتا، أن يبلغ درجتهم في قوة اليقين، لكن الله اصطفاهم ليكونوا علينا شهداء في الالتزام بما شرع من الدين القويم، ونصَّبهم لنا أعلاما بارزة ليَدلونا على معالم صراطه المستقيم. وجعل في سلوكهم أسوة لنا، لنكون بهم مقتدين. فهم المثال والمرجع السلوكي الذي ستظل البشرية محتاجة إلى تمثُّلِه، حتى تسعد ببركة ذكر ربها، فلا تشقى باتباع خطوات الشيطان على طرق الضلال المبين.

ومن رحمة الله بنا أن جعل منا وبيننا، في كل زمان وحين، كثيرا ممن نخالطهم من أهل الصلاح واليقين، حتى يقطع دابر شبهة إبليس اللعين، بألاَّ حَظَّ لأحد في درجات اليقين، غير الأنبياء والمرسلين، وذلك لكي بيئسنا من طريق طلب السعادة الحقة في معراج ذكر الله العظيم.

ثم إن أهل اليقين، ممن سلكهم الله في سلك الأولياء، كثيرا ما يُبقيهم بعيدا عن الأضواء، ويدبر لهم حياتهم بشكل ييسر لأعمالهم الصالحة، الحفظَ في ستر الخفاء، ويجنب صفاءَ قلوبهم فتنةَ الرياء، فيكتب لهم في حياتهم درجة المتواضعين الأخفياء. ولو كشف الله لنا عن سرائرهم الغطاء، لرأينا بيوتنا وجواراتنا وأسواقنا وإداراتنا وشوارعنا، تتشرف بالفضلاء من الصالحين والأولياء. لكنه سبحانه جعل درجة اليقين فيه، وحقيقة الإخلاص في ذِكره، سرا بينه وبين من أكرمهم من الخُلَّص الأصفياء. وذلك علمه الخاص الذي ليس لنا أن نخوض فيه، تَخُرُّصا أو رجما بالغيب، ولا أن نحكم فيه بنعم أوْ لا.

ولست هنا محتاجا، كي أُبرز فكرتي حوْلَ ما قد يَهَبُ الله من اليقين لمن هم دون الأنبياء ومن معهم من المصطفين، إلى التنقيب في مناقب وكرامات الصفوة من أعلام أولياء الله الصالحين. من عصر الصحابة والتابعين ومن جاء بعدهم من المتأخرين، ففي حياتنا اليومية، قد نصادف من الأمثلة الكثير، ونحن عنها من الغافلين. وأكتفي مما شاهدت منها بمثالين.

أما المثال الأول، فأسوقه من سيرة عمي عمر، التي كنت قد بدأت كتابتها بتدوينة بتاريخ الثالث من مارس سنة تسعة عشر بعد الألفين، تحت عنوان: "العم المتفرد الذي ظل يسندني قيد حياته". فرغم أنه عُمِّرَ وبقي في أوج قوى عقله، ودون أن تمسه الأمراض المزمنة التي تصيب من هو في مثل سنه، إلا أنه رحمه الله، عانى في آخر حياته من تقوس وتصلب في العمود الفقري، فكان لا ينام إلا جالسا على أريكته أو كرسيه، حتى تتورم قدماه وأسفل ساقيه.

وقد أخبرنا الطبيب، أن هذه حالة يفترض فيها الشعور بألم شديد، مع عدم نجاعة العلاج في حالته المتقدمة، ومع سنه الكبير.

وقد كنت ذات يوم، أجلس بجانبه، وهو مقبل علي يسألني عن أحوالي صغيرها وكبيرها كعادته، باعتدال انبساطه وبشاشته، وفي سكينته وهدوئه، رغم خفوت صوته، وقد آلمني تورم قدميه، فلم أشعر إلا وأنا أقول: "وا عُمَيماه"، إشفاقا عليه. فبادرني: "بل إن عمك يا بني بخير ويحمد الله كثيرا على نعمه، ولا مِن بأسٍ عليه".

هذا مع أنه، بذلك مراتٍ، قد أغمي عليه. ودون أن يئن أو يتأوه أو يتأفف، كما يحدث للكثيرين، ولا أن يُرى أثرٌ للألم عليه. وكان يأمر القائمين على خدمته، بألا يردوا زائرا له، حتى أثناء الغفوة القصيرة التي يسترقه،ا التي هي نصيبه من نومه. وسمع يوما امرأة من عواده، تستعظم من شأن بلائه، فقال: "و هل أنا خير من سيدنا أيوب؟!". وأذكر أنا أوقفناه يوما ليتمشى، ونحن ندعمه من جانبيه، فحدث أن خانته إحدى رجليه. لكنه لم يزد على أن ضحك ضحكة أقرب إلى الابتسامة، تنبئك باطمئنانه ورضاه بأمر وقسمة ربه. وإني إذ أتمثل سيرته، منذ عقِلتُ إلى آخر عمره، لا أحسب ذلك إلا من يقين له في الله، وقَرَ في قلبه. وكرامة له أُكْرِم بها من عند ربه.

وأما المثال الثاني، فمن سيرة فتاة، وقفت بنفسي عليه. إذ لما بلغني نبأ وفاة حماة لي، في ظل الإغلاق احترازا من تفشي الوباء المسمى كورونا، الذي نحن ملتزمون به، ومرابطون عليه، لم تكن صدمة الموت في ذهني أكثر من استعظامي لِما ستحس به ابنتها شبه المعاقة، التي كنت أظن أن ليس لها غيرها من سند، بعد الله، تستند إليه، أو عائل سواها تُعوِّل عليه. وأنا أهاتف الأصهار مُعزيا. تهيبت أن أعزي قلبها المكلوم، وأنا أتصور أن هول الصدمة لا بد قد اشتد عليه، وأن صاحبه لا شك قد أغمي عليه.

وبعد تردد وتأجيل، أتصلت بها أعزيها وأصبرها، متلجلجا في الكلام، وأنا لا أكاد أقوى عليه، فأجابتني بهدوء وثباتِ مَن وَثِق بفضل ربه وأخبت إليه، وكأنها تنبهني من غفلتي، وهي شامخة النفس، مطمئنة القلب، بيقين بالغٍ في خيرية اختيار الله، مطمئنة إليه: "إنها لم ترحل إلا إلى الله، وليس إلى خلاء قفرٍ". وكأنها تختزل في عبارتها القصيرة كل معنى كون الراحلة قد نزلت ضيفة عليه، وتستشرف واسع رحمته تعالى بعباده، من عظم حسن ظنها به، وصدق

التوجه إليه. ثم إنها لم يهمها أمر نفسها، رغم رحيل من كانت تُظلها، لأنها قد أسلمت أمرها إليه. فأدركتُ أن كثيرا من عباد وإماء الله، الذين لا نكاد نُلقي لهم بالاً من حولنا، قد فضلهم الله علينا بيقين ذِكره، وصدق الاستناد إليه، وخالص التوكل عليه، وما أظنهم إلا أنهم قد فازوا بقصَب السبق إليه.

<hr>

فوآهٍ من الدنيا على القلب، لولا ذكر الله، كيف نأمن عليه:

<hr>

فإنما وقفت على موضوع التأسي بالمصطفين الأخيار من الرسل والأنبياء ومن دونهم من أهل اليقين، لأهمية الاستئناس بسِيَرهم في تلَمُّس طريقنا، حيث يتحقق لنا الأنس بالله. فالتأسي بمن ثبت أنهم من أهل الله، هو أصل عظيم، نافع في تأمين السير إلى الله. حتى ينضبط نزوع النفس بمثال من ميزان الله. ويثبت القلب ولا يتقلب أمام وحشة فتن الدنيا، وقد غمرته الطمأنينة بذكره لله.

فكم هي موحشة هذه الحياة الدنيا، محفوفة بمخاطر الكَبَد والكدْح والشقاء، حافلة بالمطبات والعقبات الكأداء، تعج بفتن ظاهرة وباطنة، كالقروش الشرسة الزرقاء، في بحر لجي يغشاك فيه موج من فوقه موج كليال ظلماء. لا تُؤمَنُ فجأةُ غدرِها بين كل عشية أو ضحى. ولا ينفك الشيطان يغرنا بابتسامتها الصفراء، فيوهمنا بوَصلات إشهارية، يقسم فيها لنا، أنها تتصف بالجودة وتحمل ضمانة الخلود والبقاء، فنطمع في عقد زواج معها، نتذوق به سراب السعادة والهناء، في حين أنها خُلقت لترحل، ووُجدت لتفنى. وقد كتب عليها، من أول يوم، حلول الفراق ومرارة الموت، وزلزلة القيامة والفناء. وهي نفسُ خدعةِ إبليس لأبوينا آدم وحواء.

نعم، إنها لَضغوط على القلب رهيبة، عندما يرى وجه الدنيا المزين بكاذب الطلاء، فيطلب يدها طمعاً في زواج منها، يُوقِّعه على ورقة بيضاء لم يخط فيها العدلان حرفاً، يظن أنه ستولد له منه سعادةُ الخلد، وفراراً من مُطلَقِ الشقاء؛ فتجده لا يثبت على حال، بل ينط في كل اتجاه، كجرادة بِلِيْلٍ أذهلها شعاع من الضياء. يطلب الانغماس في الشهوات بجشع، كلما أذاقه الله من السراء، ويستسلم لليأس المفضي إلى الانتحار، كلما ابتلاه ربه بضراء. حيث ينسيه الشيطان ذكر أمر ربه في حقيقة الدنيا. وأنها ليست لا للانتحار ولا

للبقاء. وألا إمكانية هنا لمن يريد امتلاك متاعها والاحتفاظ به لنفسه. وألّيس منها فرار، لمن يطلب النجاة من مصائبها بإنهاء حياته بنفسه. وإنما هي فترة ابتلاء قصيرة، في موضوع التكليف بتحمل أمانة الاستخلاف. حيث أن لكل أحد فيه أجل مسمى، ثم بعده يرجع، رغما عنه، إلى ربه.

فالكل في قبضة الله، ورهين في ملكه. وألا فرار منه إلا إليه، باستحضار ذكره، المفضي إلى الاستسلام لأمره والالتزام بشرعه، والتسليم بقسمته، والرضا بحكمه، والاطمئنان إلى كمال حكمته وعدله، واليقين في قدرته ورحمته وفضله. فلا حياة ولا قرار للقلب، في مواجهة ضغوط وحشة فِتَنِ الدنيا إلا بالأنس بالله، الذي لا يُنال إلا بذكره.

إن الذكر هو أساس حضور العبد مع الله:

أما الله، جل في علاه، فقد عجزت وكلت أبصارنا عن إدراك ذاته كي نراه. فهو، من فوق عرشه، دائم الحضور والقرب، بعلمه وقدرته، مع بقائه في علوه. مطلع على خفايا الخلق، ويدبر بحكمته أمْرَ كل من سواه، لا يعزب عنه في السموات والأرض، مثقال ذرة. وهو الحي القيوم، لا تأخذه سِنة ولا غفوة. ولا يجاوز له أحد في مشيئته أمرا، ولا راد لِما أراده وأمضاه. ولا يعجزه شي، في السموات والأرض، من قدرة. وأما العبد فهو الذي يحتاج إلى تحقيق وحفظ حضوره مع الله في كل مرة. إذ نفسه نزاعة إلى الغياب عن موقف الحضرة، وقد قعد له الشيطان بمرصاد الغفلة. وهو لا ينفك يعاني فِتنَ الدنيا، المحلاة منها والمُرة، في ذهول وانشغال، وتشتت ذهن وسكرة. وإنه، مهما أوتي في مجال الوعي والنباهة من قدرة، فلا وعي ولا نباهة أكثر نفعا من حضورِ قلبٍ للعبد مع مولاه، تُرفع به لصاحبه الهمةَ، ويُلهَم الحلَّ، ويُكفى الهمَّ، ويُجنَّبُ غُصةَ الحسرة.

وإذا كان ذكر الله هو الذي يُذهب عن القلب ما يصيبه في الدنيا، من اضطراب ووحشة، ويعينه على التغلب على رعونة وتوحش النفس ونزوعها إلى التفلت والتغول والنفرة، فذلك لكونه يحفظ عليه حضوره مع الرحمان، باعتبار ذلك الحضور هو مظنة نجاته، بما يُمِده به من ثبات على طريق الوصول إلى الجنان. وهو حضور مهدد، باستمرار، من أن يمسه

طائف من الشيطان، فيصيبه من مقتل الغفلة والنسيان، حتى ولو أفلت صاحبه من عقبة الجهل والضلال. ويمكن القول: إن درجة ذلك الحضور هي نفسها درجة الإيمان. إنه حضور يتناسب مع مدى ذكرنا لله، فيما يطرأ عليه من الزيادة أو النقصان. لذلك أُمِرنا أن نذكر الله ذكرا كثيرا، وعلى كل الأحيان.

وإنما أقصد بالذكر هنا، ما يتعلق منه بعمل القلب وما يستغرق في معناه. والذي يجعل العبد يستحضر قرب وحضور مولاه، فيعظمه، ويتوجه إليه، ويأنس بالتوكل عليه، ويطمئن باللجوء إليه. ويشعر بمراقبته، فيتقيه ويخشاه. وذلك، في كل ما للذكر من أشكال. سواء كانت فريضة أم نفلا، أو كانت تعبدية، صلبها الامتثال، أم تفكرا في النفس والكون، يدعم اليقين عقلا. فإن هذا المعنى في الذكر، أو الجانب منه، هو أساس تحقيق وحفظ حضورنا مع الله، أصلا. إلا أني لا أزعم أن الذكر يتحقق وجودا، إذا لم يتخذ، مما شرع، شكلا. لأن غاية الوصول هي كمال التحقق بمقام العبودية لله امتثالا وذلا، إلى أن يأتينا يقين الارتحال إلى تلك الدار. وقد سبق، في الفقرة الرابعة، أن أساسَيْ العبادة هما القصد والامتثال.

وههنا سر ما نلاحظه عندنا من تحَجُّرٍ للعبادات في لاشعورنا، حيث تؤول إلى طقوس ميتة، نمارسها كما لو كانت مجرد عادات. فلا تنفع في تزكية نفس ولا في تحسين أخلاق. فرُبَّ حَجة أو عمرة ليس منها لصاحبها سوى نَصَبٍ وضياع إنفاق. ورب صيام، كل حظ صائمه منه مجرد تجويعٍ وتعطيش للنفس وإرهاق. وقد أفاد ابن عباس رضي الله عنهما أَلَيْس لك من صلاتك إلا ما عقلت[7]، منها، حيث تُرزأ الباقي. فكثير من عباداتنا نمضيها، وقلوبنا سكرى غائبة، لا تولي لذكر الله أيَّ إحقاق.

في حين إنما شرع الله المناسك والشعائر والعبادات لذكره، الذي يثمر المزيد من قربه، فمن لم يذْكُر الله بصومه ويدَع العمل بالزور وقوله، فليس لله حاجة في تركه لأُكله وشربه. ومن لم يذكر الله بصلاته، ويستحضر هيبة ربه، فلم تنهه عن الفحشاء والمنكر، لم تزده إلا بعدا على بُعده. وحتى الأضاحي عندما جعلها لنا من الشعائر، لم يقصد، سبحانه، أن تناله منها لحومها ولا دماؤها، وإنما ما يصاحب ذلك من تعظيمه والثناء عليه، والإخلاص له والامتثال لأمره، أو تقواه النابعة من ذكره.

ولا أقصد هنا أن ذكر الله يتحقق بدون ما شرع الله من شعائر، أو بابتداع بديل عنها من العبادات. ليس فقط لعدم وجود شعائر أنجع ولا أنفع مما شرع لنا الله، ولكن أيضا لأن تلك الشعائر، بالذات، هي شعائر الله، وتعظيمنا إياها، هو من تعظيمنا لله. فهي رسوم ومعالم الدين التي وضعها لنا رب العالمين، وبينها بسنته سيدُ المرسلين.

وعندما نختار الامتثال لها، فنذكر الله من خلالها، بالقيام بها على أحسن وأكمل وجه تتيحه طاقتنا، تعظيما لها، فإن ذلك دليل على تقوى قلوبنا، باستحضار عظمة وجلال ذاك الذي شرَعها لنذكره من خلالها. فبها، وبالضبط، يتحقق الذكر القويم. كما أن بدون تعظيمها واستحضارٍ لعظمة المذكور بها، نُفوِّت على أنفسنا طريق الذكر الموصل إلى رب العلمين. وتلك حال أقرب إلى حال من لا يبالون لله بعظَمة، ولا يرجون له وقارا، من المبعَدين أو الغافلين.

لقد سمّى الحبيب المصطفى، في الحديث الذي رواه الترمذي عن أنس بن مالك، حِلَقَ الذكر برياض الجنة. ومعلوم ما يبعث عليه التواجد في الروض الحسي في هذه الدنيا، من انتعاش للنفس، وانتشاء بالجمال واللذة، وشعور بالارتياح والطمأنينة والرحمة، بل، ومن شعور حتى بالأمن الغذائي، لما تجود به الأرض الخصبة. فكيف بروض أنزله الله إلينا من حدائق الجنة، حيث يشم العبد رائحة الموطن الأول لأبويه آدم وحواء. فيسكن قلبه بغمرة من السكينة، لمّا تصيبه منها نفحة. إنها رياض الذكر، التي تجعل القلب في جنة قبل الجنة. يرتع فيها، وقد أنس وارتاح بتحقق ذكرِ ربه، واطمأنّ.

ولكن ذكر الله، في نفس العبد، ليس من السهل أن يتحقق. فدون ذلك لزوم الدعاء عند باب الهادي الفتاح، ليفتح من أبواب القلب، لذكره، ما استغلق. ومعه لزوم أسباب مجاهدة ما يتسرب إليه من دواعي الكسل والغفلة، بترويضه على ذكر الله، حتى يرتبط بمولاه ويتعلق. فيعيش لذته الخفية حقا، ولحلاوتها يتذوق. ذلك أن أول الحضور مع الله، هو الرجوع واللجوء إليه، والتعرض لأسباب هدايته، باستعمال أدويةٍ صيدلية شريعته، والاستعانة به على ذكره وحسن عبادته. فيد الله فوق أيدي عباده، وهدايتهم فوقها لطيف هدايته. والذين اهتدوا زادهم هدى وآتاهم تقواهم، بمزيد توفيقه ودائم إعانته.

فالكسل والتثاقل من أخلاق المنافقين الذين استحوذ عليهم الشيطان، فأنساهم ذكر الرحيم الرحمن. وأيأسهم من هداية الهادي ورحمة المنان. ذلك أن صنعة إبليس، التي تخصص فيها، هي قطع السبيل، وتزيين الضلال وصناعة التضليل، والقعود على مدخل الصراط المستقيم، لتثبيط عزيمة كل عبد مُريد، باصطناع العراقيل والنفخ فيها مع التهويل. فإذا كذّبه العبد، واستحضر أن ربه هو يهدي السبيل، ويبارك في نية وعمل المهتدين، وهَمَّ

وعزم، وعلى ربه توكل. وعلى رياضة قلبه في طريق الذكر صمَّمَ، جاءه روْح من العزيز الرحيم، منعش، كهبَّة هنية، في صحراء، من نسيم روض عليل. فرأى الله بعين ذكره، حاضرا معه في كل حين. وتذوق، وهو في الدنيا، لذة القرب من الجليل. فهو يتشبث بها في كل حين، ويسعى إلى استرجاعها، بالتذكر، كلما مسه طائف من الشيطان الرجيم.

فعلى قطب رحى الذكر تدور كل عبادةٍ لله. ومعلوم أنه ما خلقنا إلا لنعبد إياه. فليس تم مقام فوق مقام العبدية لله، إذ به نعت ربنا خير الخلق وهو رسول الله. وأما الشطح بغير ما أنزل فهو طريق لا تُؤْمَن عقباه. ثم إن تمام العبادة لا يتحقق إلا بالتسليم الكامل لربنا جل في علاه. فلا يعود يرى العبد لنفسه فضلا، من دون لطف وتوفيق مولاه، إذ ما بقي ولا اهتدى ولا عَبَده، لولاه. فيفنى عن جميع دعاوي نفسه، حين يتحقق بذكر الله. فيوقن بألا بقاء له من دون تفضُّلٍ من ربه، وألا فضل له البتة إلا بالله.

وذلك مقتضى رياضة القلب، حين يتعبد باستحضار القيومية، فيحضر مع مولاه. إذ لا حضور للقلب مع ربه إلا بتحضير يكابد فيه عناد غفلته، مستصرخا ومستعينا بالله.

ولنعط مثالا عن شواهد قيومية المولى الذي لا نقوم بسواه. وهو مثال عما نعيشه دوما ونحياه، ثم لا نلبث أن نغفل عنه فننساه.

وإنه لا يخلو أن يكون الزمان الذي نتصوره أو نحياه، إما ماض ودّعناه، أو حاضر نكابده، أو مستقبل نترقبه قبل أن نحياه. فإذا تأمل الواحد منا ماضيه، تبين له كيف تولاه فيه ربه بنعمته فرعاه، وتذكر مواقف لا حصْرَ لها، كان هلاكه فيها محققا، لولا أن تداركه ربه بلطفه

الخفي فيها وعصمه، وبعنايته الإلهية حفظه وأنجاه. فيوقن أنه لو لا أن الله صرفه إلى الخير، وصرفه عن الشر، لما أدرك عافيته، ولا نَعِم بهداه.

وإذا نظر أيٌّ منا إلى حاضره، شهد في مواقفه اليومية، حين تعجز ما رتبها من أسباب، ويضطر، إلى باب الله، فيضل من يدعو إلا إياه. كيف يأتيه الحل من حيث لا يحتسب، ولِهمَّ حاجتِه قد كفاه. فيطمئن ويأنس إلى جنب مولاه.

وإذا نظر أحدنا إلى مستقبله القريب قبل البعيد، وستار الغيب والغموض قد غيّبه وغشّاه، فإنه لا يدري ما يخبئه له الزمان، مهما تكهن وبلغ في دقة التوقع مداه. وقد يرهقه الاستشراف والترقب، فلا يرتاح له قلب، إلا أن يُسلم أمره فيه إلى مولاه. وقياسا على ثبوت إحسانه إليه فيما مضى وفيما لا زال يجري، فإنه كذلك في إحسانه إليه فيما بقي، يحسن الظن بالله. فإذا أيقن أن مصببة الموت محجوبة فيه ترقبنا، أودع كل شانه في يد الله. وقد فني عن نفسه، واطمأن إلى تدبير ربه له، فأحسن الظن به في أن يكتب له حسن الختام وتوقَّع بُشرى العاقبة في لُقْياه، حيث تنقطع كل الحيل والأسباب. فله الأمر فيما حضر وفيما تلاه، وبه البقاء سبحانه جل في علاه.

وبمعالجة نفوسهم بذكره، وثِقَ أهل اليقين في فضل الله:

إن علة عِوجنا عن الاستقامة التي أمرنا بها الله، هي ظننا بأننا قد نستغني بما نتوهم أننا ملكناه، فنحرص على جمعه ونحن في الحقيقة لا نملك بقاءه مهما بدا لنا أننا قد جمعناه. وذلك في مقابل عدم إدراكنا لحاجتنا العظيمة إلى الفضل العظيم الباقي، الذي هو عند الله. لأن أساس الاستقامة هو أن نكتشف أننا الفقراء، وأن الغني الحق هو الله. عندها ندرك قيمة

وحقيقة ذكرنا لله. فتلك بداية رحلة علاج النفس من رعونتها، ومن فخفخة علوها، وعدم قدرها لله حق قدْره، وتجاهلها لتعظيم شعائر الله. وذلك بتحرير رسوم العبادة من تحجُّرها. وهي نقطة الانطلاق في طريق السير إلى الله. لأننا نكون يومئذ قد أيقنا أن دواء ضعفنا وفقرنا، الذي يشبع جوعتنا ويروينا من فضل ربنا بالطمع فيما عنده، هو تجويد والإكثار من ذكر الله.

وهذا باب وجيه، ووجه مليح، في تجريد التوحيد لله. فكما يعالج علاقة العبد بنفسه، يعالج أيضا علاقته بالأغيار ممن سوى الله. فلا يكن سلوكك طمعا في نفعهم أو خوفا من ضرهم، فإنه قد كان رجال من الإنس يعوذون برجال من الجن فزادوهم رهقا[8]. فلا ترجُ خلق الله، بل تعفف واسأل الله، فنواصيهم جميعا بيد الله. وما يجري من خير أو شر على أيديهم فبإذن الله. وعوض أن تشغل قلبك بذكرهم خوفا وطمعا، اشغله بالتوجه إلى الله، لكي يصرف عنك شرهم، ويصرف إليك خيرهم، بذكر الله. واستحضر أنما هم عباد أمثالك، تجري عليهم أقدار الله. وهم أيضا تحت رحمته، محتاجون إلى فضله. وأيقنْ بأن الفضل كله له، لا يملكه سواه. ولا تحسدهم على ما آتاهم الله من فضله، فإياك أن تشك في عدالة حكمه وبالغ حكمته، فتعترض على قسمة هي قسمته وداخلة في علمه. واعلم أن ذلك ليس من صنعهم، وإنما من صنعه، لتُخلص له قلبك بذكره، ولا تُعل، على ذكره، ذكرَ سواه، فهو ربك العلي العظيم الأعلى، جل من إله في علاه. وتلك أنفع تحلية لقلبك، بتخليته من رجس مراءاة وتملُّقِ الخلق، ممن هم سواه. وذلك بتحرير العلاقة مع مولاه، بالخلوة عن غيرها من العلائق مع كل من عداه.

وحينئذ، سنعلم أنه بقدر ما ندرك ونستحضر فقرنا إلى الله، وحاجتنا إلى فضله، بقدر ما يغنينا به عن غيره. فيهبنا يقينا في عظيم جوده، مع قدرته عليه، كلما أبصرنا فعل يده في الخفاء تعطينا في كل مرة وتحبينا، لتغنينا عن غيره. فتصفو نفوسنا من شوائب التعلق بغير،

وتخلص له فيتحقق لها الحضور معه في حضرته. وتلك من بركات الإكثار والإحسان في ذكره.

فهل حالنا جميعا، في هذه الدنيا، إلا كحال سيدنا يونس ذي النون، وقد التقمه الحوت، وأطبقت عليه ظلمات المخاطر والغموم؟! فلولا أنه كان لربه من الذاكرين، للبث في بطنه إلى يوم يبعثون. وحتى بعد أن أوحى الله إلى الحوت بأن يطرحه بالعراء وهو سقيم. فإنه لولا أن تداركه نعمة من ربه، إذْ رحمه، بأن وفقه إلى أن يذكره فيتوب من مغاضبته لربه، وتفضّل عليه في توبته بالقبول؛ لَنُبِذَ بذلك العراء وهو مذموم. إذ اجتباه فجعله من الصالحين[9].

فإنما كانت نجاته، من غم الدنيا وكرب الآخرة، بتداركٍ له برحمةٍ من طرف الرحمن الرحيم، أساسها أن وفَّقه إلى أن يكون من الذاكرين. وكذلك ينجي الله غيره من سائر المؤمنين، في شأني الدنيا والدين، في جميع الأحوال وفي كل حين. وقد جعل الله لنا، في نبيه يونس، أسوة حسنة، باقية إلى يوم الدين.

فبنعمة الله وفضله، يستقيم حالنا، ويسلم لنا المسير. وقد حكى لنا ربنا مما سيقع يوم الدين، كيف أن أحد أهل الجنة، بعد أن وجد نفسه من الناجين، واطلع في قلب الجحيم[10] على قرين، كان يلومه، في الدنيا، على أن كان لله من المصّدقين، قد أدرك عِظَم فضل الله عليه بأن أنجاه من أن يكون هو أيضا في ذلك الجحيم، إذ تفضل عليه فرحمه بأن جعله من المهتدين، وثبته على محجة الإيمان، من أن يغويه ذلك القرين، حتى توفاه الله وأتاه اليقين. والحمد والمنة، من قبل ومن بعدُ، لله رب العالمين.

وإن من أسباب الشقاء، التي منها ينفذ إلينا الشيطان الرجيم، أن نغتر بجهدنا في كل ما يتفضل به علينا ربنا من توفيق أو فعل قويم، فندعيه لأنفسنا، وننسبه إلى خالص جهدنا، وننسى فيه الهادي المعين، صاحب المنة الكبرى والفضل العظيم. والذي لولاه ما كنا ههنا، ولا أصبحنا من المهتدين. وعندئذ يستفرد بنا عدونا الشيطان، وتتمرد علينا النفس، فيحل بدارنا الشقاء المبين،

فمن زعم أن بإمكانه أن يستغني عن الله بنفسه، ولو طرفة عين، أسلمه إلى غول فقره. ومن استنكف عن انحناءة التوكل عليه، تركه وتخلى عليه، ليذوق وبال ضعفه وعذاب عجزه، حتى أمام جموح نفسه. وهو خذلان ليس فوقه من خذلانٍ غيره. ومن أعرض عن أن يذْكره بما يغمرنا به من فضله، ويتداركنا به مِن نعمٍ مِن عنده، حرَمه سعادة الشعور بقربه. فإنما نحن بالله، ولا قوة لنا إلا به، ولا توفيق إلا منه. وحتى عندما نحاول أن نعبد إياه، فإنما نستعين به. قد تبرأنا من قوتنا، واعتصمنا به. وفررنا من حولنا إلى حوله. وأسلمنا الأمر في تسييرنا إلى تدبيره. وسلمنا، في مشيئتنا، بسمو وإحاطة مشيئته.

> **وكثير منا لا يذكر الله إلا عندما يشعر بعجزه:**

فتراهم وقد شغلهم الرجاء في حيلتهم وحولهم، عن أن يستحضروا أن فوقهما إحاطة الله بهما وبهم. فحجبتهم رؤية كبرياء أنفسهم، وحب تمطيط ظلهم، عن استشفاف هيمنة مشيئة وتدبير ربهم، فصمّوا وعموا عن شهود عظمة قوة وقُدرة الله. فكلما أحسوا في أيديهم بتطويع الأسباب التي سخرها لهم، طغوا وبغوا، إذ ظنوا أنهم قد استغنوا عن الله. وسعوا إلى تنصيب أنفسهم فراعنة تتطاول على مقام الله. ولسان حالهم يقول: من أشد منا قوة؟!". والقلب عن حقيقة ومصير ما ظنوه قوة، غافل لاه. وعن كونها مجرد فيض مما ننعم به من فضل الله.

وأنّى لهم أن يشاهدوا مثل ما شاهد سليمان من فضل ربه، وقد وهب له مُلْكا لا ينبغي لأحد من بعده، فيدركوا، مثل ما أدرك، أن تلك القوة مجرد ابتلاء، فيذكروا فيها الله.

فالواقع أن العجز أصيل فينا، به قد خُلِقنا، وإليه تسعى نهايتنا، فنبلغ فيها إلى منتهاه. وأن القوة لله ومنه. وأنما هي عارية أعارها لنا الله. فإذا استردها، وهو سوف يستردها حتما، ولم نعد نجدها لنا مُتكأً، فإننا في تلك اللحظة فقط نتذكر ونتحسر، فنذكر الله. لكن مأساة الواحد منا، هي أنه لا يتعامل مع الله إلا كَعَجَلة احتياط، وليس باعتباره هو الله. فلا يلجأ إليه إلا إذا تفرقعت[11] عجَلتُه، فلم تعد قادرة على أن تحمل إياه.

وكم من فرعون وضيع الشأن، يمشي متطاولا بيننا، لكن ليس معه "هامانُه" ليعِده ببلوغ أسباب السماوات، بل لا نكاد هو نفسه نراه. وهو شديد الاعتداد بحوله الهزيل القزم، ينتحل صفاتٍ هي مما تفرد به الله. حتى إذا أدركه الغرق، وأيقن أن ما به من قوة إنما هي مما كان يبتلي به ربُّه إياه، قال، بعد أن أنطقه العجز والخور: "أشهدكم الآن أني مجرد عبد ضعيف، وأن الله، فعلا هو الرب والإله". فهو في تلك اللحظة فقط يعتصر فيخرج منه، مُكْرَهاً، ذكر الله. وحتى لو أنقذه ونجاه، فإنه يعود إلى عادة حليمته القديمة، في إعلاء ذكر نفسه، وقد نسي نهائيا، بل أنكر، ذِكرَ مولاه.

نعم إن من بين الكثيرين منا مَن ينفق عمره، وقد حكَمَه حب السمعة وتمَلّكه الرياء، فيُجهد نفسه في أن يعلي بين الناس ذكر أناه، وكلُّ همّه، الذي يشغله، هو أن يُلَمِّع ويُجَمِّل لهم مُحَيّاه. وهو يلهث خلف سراب هواه، فلا يذكر في العالمين إلا "ليلاه"[12]، عساه أن يجد في الناس، من يمجده بمَحْمَدةٍ بغير حق، ويلهج بذكراه. وقد نسي بأن الأحق بالذكر هو مولاه الحق، الذي به يتقوى ويقوم، وإليه مرجعه ومنتهاه. فإذا أيقن ألَّن يجد منه مفرا، لم يذكره إلا مضطرا، ثم يمسك عن ذكره، كلما فرح واغتر. فما أتعسه وأضيعه من عبد، وما

أشقاه! أَوَ ليس الذي ينشغل بذكر نفسه عن أن يذكر الله، إلا عن عجز اعتراه، قد حرم سعادة أمان الحضور مع الله، وخسر نفسه في دنياه قبل أخراه؟! فقد تلبسه بالإغواء الشيطانُ فأغواه. ونسي أنه ما خُلِق، ابتداء، إلا ليذكر الله.

لا شك أن الهَمَّ من لوازم هذه الحياة الدنيا، لا ينفك يشغل منا البال. نعم، قد نستريح منه حينا، أو نودعه عند نومنا، لكنه لا يلبث بمجرد أن يذهب النعاس، ونَهُمُّ بالقيام. وحتى إذا لم يكن لامرئ هم، كما يقول المغاربة، فإن حمارته تلده له، بأية حال. ومَنْ عَدِم الهمَّ، يشتر معزى، كما قالوا بالشلحة في الأمثال. فمشاغل ومشاكل الدنيا، لا تكاد تنتهي، ما تعاقب الليل والنهار. فلا نكاد نفرغ من أمر إحداها، حتى تظهر الأخرى، على إثرها، في الحال.

هكذا الدنيا، نبغي الفرار إليها من همومها، فتُبْدِلنا عنها فوجا آخر من جديدِ همومها. همٌّ يمضي فيخلفه هم آخر، وبينهما يتناوب علينا فراغ وعمل، أو قلق وأمل، أو فرح وحزن، أو خوف وأمن، أو ما إليهما. وهكذا تمضي هذه الحياة سراعا وتنقضي، دون أن ننتبه إلى سرعة زوالها، ونحن منشغلون بانتظار الظفر بلحظة الفراغ من همومها، فننعم براحة هنيئة في ربوعها، لا هم ينغصها. وهو، في واقع الحال، عين السراب الذي يمني النفس فيخدعها.

فهيهات أن يفرغ أحد من الانشغال بهمومها، إلا أن يتجاهلها، وتلك حماقة قد تُفاقمها. أو يزاحم انشغال قلبه بها، بأن ينشغل عنها بذكر الله. ولست اقصد أن يستقيل المرء من مسؤولية الحياة، فمن لا يهتم، لا مسؤولية له، ولا يصلح أصلا لتحملها. وإنما

أقصد الهم الذي يشغل القلب عما به حياته وصلاحه وثباته، فيضطرب ويذهل عن حقيقة الحياة، ويتفرق بتفرق مصادر الهم، تفرُّقَ أرباب متشاكسين على عبد مملوك ضعيف عديم الحيلة. ويتشتت نور الفكر، بتشتت شواغل الهم فيها، فيربكه عن ترتيب الأولويات فيما بينها وبين حقيقة الممات، فيطيش ميزانه عن الصحة والاعتدال، بالانحراف والميلان إلى الطغيان أو الانتحار.

فليس يُنجي العبدَ من تماوج الهموم، غير التحقق بذكر الله. حيث يجمع همه في يد السميع العليم، القادر على أن يكفيه إياه. وهو أمر ليس سهلا، لأنه يكلف العبد رياضة ومجاهدةً، تجعل تلك الهموم المتفرقة همًّا واحدا، هو تحقيق القرب من الله، والتشوف إلى ولايته، التي يمثل الذكر منشورها. وذلك لا يُنال إلا بالتعرض لأسباب توفيقه، الذي ليس بيد أحد سواه. ومنها مدافعة تخَطُّف الشواغل لجواهر صفاء ذهنه، ومقاومة تمكُّن سكرة الغفلة منه، أثناء ذكره. وذلك باستحضار ما يستدعيه المقام من معاني أسمائه الحسنى وصفاته العلى، من عظمة وقدرة وحكمة، ولطف وولاية ورحمة، وحفظ وإغاثة وعزة، مع صدق النية في التذلل إليه والتبرؤ من الحول والقوة، وابتغاء الفضل من عنده. إنه الله!

فإذا تحققت للعبد حقيقة الذكر في قرارة نفسه، انشغل به قلبُه عن الانشغال بالهموم التي تدفعه دفعا إلى ذكر من سواه، فيكتفي بأن يرتِّب لها من الأسباب ما بيده، ثم يضعها كلها في يد الله، فيُسلم أمره فيها إلى الحي السميع العليم الذي يسمعه ويراه. وذلك هو مقام التوكل، الذي أساسه التحقق بذكر ربك عند تغوُّل كلِّ همٍّ، فتُسلم إليه أمرك فيه، مطمئنا إلى خفي لطفه، موقنا بعجيب قدرته، مسلِّما ببالغ حكمته، موقنا بصدق وعده، وأنك تحت سمعه وبصره ولن ينساك، فإياك أبدا أن تغفل عن ذكره وتنساه.

إن أساس الظفر بإعانة الله لك، بعد الإحسان في دعائه حين رفع الكفين إليه، هو الإخلاص في التوجه إليه بصدق التوكل عليه. فمن توكل عليه، حق توكله، كان هو حسبه، فكفاه كل ما همه، ويسر كل عسير عليه. وإنما أساس توكلك عليه، ذكرك إياه، باستحضار ما يقتضي تفويضك الكامل للأمر إليه. فجُماع الأمر في التعامل مع الله، هو تعظيمه والتذلل بين يديه. فيكفيك منه أنه هو الله، حتى تُسلم أمرك إليه. ويكفيك منه أن تعلم أنه الله، حتى تطمئن، في كل ما يفعل بك، إليه. ويكفيك أن تستحضر أنه الله، حتى تَعُدَّ في دفع كل ضر وجلب كل نفع، عليه. ويكفيك أن تعرف أنه الله، حتى تحبه، لما يغمرك به من نعمة وفضل، فينطلق لسانك بدائم التسبيح له، ويظل رطبا بعظيم الثناء عليه. ويكفيك أن تشعر أنه الله، حتى يقشعر جلدك من هيبته، وتُجِلّه وتخشاه، وتلتزم قمة الأدب معه. ويرتجف قلبك وجَلاً من أدنى تجرؤ عليه.

إن من لم يتأدب في حضرة الله، لم يتحقق بمقتضى ذكره، فكيف يَعُدُّ نفسه ضمن موكب المتوكلين عليه؟! فما توكل على الله، مَن شك في أنه الكافي في إذهاب همه، والقادر عليه، وما توكل على الله حق توكله، من لم يُطِعْه في القيام بالأسباب التي فرض القيام بها عليه. وما تحقق بمقام التوكل من لم يحسن الظن بالله، فيما هو فاعل به، ولو خالف ما كان يَعُدُّ منه عليه. وما توكل على الله، مَن شك في خيرية ما اختار له، مِن حَلٍّ في كفاية همه، فقدَّم بين يديه، وقعد يملي الحل، مِن عنده، عليه.

إنه الله! فما ظنك برب العالمين، إذ تشك في كفاية تدبيره لأمرك وخيريته فيه، وحِكمته، وهو الذي قد أحاط علمه بكل شؤون خليقته، وتعزز، على كل شيء، بقدرته، ووسع كل الكائنات بلطفه ورحمته؟! إنه الله! وهو عند ظن العبد به، فليختر العبد بالله نوع

ظنته. فليس ثم طريق إلى كفايته العبدَ همَّه، والظفر بمحبوحة جنته، غير إحسان الظن به، والارتقاء في التأدب معه، عند ذكره، إلى قمته. وقد أخبرنا الحبيب المصطفى، الصادق المجتبى، أن ممن يظلهم الله بظله، يوم لا ظل إلا ظله، يقي همَّ حَرّ الموقف وكربته، رجل ذكر الله خاليا ففاضت عيناه، فيا لسعادته! وإني ما أحسب ذلك إلا لتحققه بأدب ذِكْرِه تعالى في حضرته.

فأكيد أن الله قريب، يسمع للداعي دعوته فيجيب، وأنه لطيف رحيم، يتدارك عباده منه لطفٌ خفي عجيب. فإنه كذلك هو العليم الخبير الحكيم، يختار لهم ما يصلح به حالهم، حتى لو بدا لهم، أحيانا، أنه لدعوتهم لا يجيب. ألم تر كيف يشتهي منا المريض طعام يضره، وقد منعه عليه الطبيب؟ ذلك أن الخبير الحكيم، لا تُعجله مراعاة أهواء الناس من تحري القرار الذي به يُحسِن ويصيب. فلا تضغط عليه محاباة الأغيار فيما يشتهون، بمجرد خوفه على ظنهم فيه أن يخيب.

فكيف بربنا، وله المثل الأعلى؟! فهو بفعل الأصلح والأحكم أحقُّ وأولى، وفِعله أسمى مما يفعله خبير نزيه أو طبيبٌ لبيب. فهوتعالى، لا يَعجل، في إحسان تدبيره لأمور عباده، وإتقان اختياره لهم، بعجلة أحدٍ من خلقِه، في كل ما تهواه أنفسهم وما تريد. فنحن لم نطلع على الغيب، وعسى أن نحب شيئا، في حين أن لنا، في ثناياه، بعض شرٍّ مريب. فربنا يعطى في الوقت المناسب، وبالمقدار المناسب، وبأدق مما يتحراه الطبيب. وقد مرت معنا، في المقطع الأول بعد الثلاثين، قصة سيدنا يونس ذي النون، وكيف تعجل استجابة قومه، ولم يصبر لحكم ربه، فذهب مغاضبا له، ولم يلزم المقام الذي اختاره له وأقامه فيه. فكان الذي قد عَلِمنا من أمره. لولا أن تداركته نعمة من ربه.

فتعالى الله عن أن تكون رحمته مجرد غلبة عاطفة، كالذي عند خَلْقِهِ من الأغيار، تجعل بالغ حكمته، عن تدبيره لأمورنا، تغيب. فلو اتبع الحق أهواءنا لفسدت السموات والأرض وما فيهن. وسبحان من يمسكها من أن تزول أيٌّ منها أو عن مكانها تحيد. فرحمة ربي رحمتان: رحمة تتحقق لنا من خلال حكمته فيما يفعله بنا، ويقدره علينا. ورحمة تتحقق بلطفه بنا في تصريف ذلك الذي قدره لنا، وهو عنا خفي وغيب.

وقد لا ننال تَيْنِك الرحمتين، حتى نتخلص من كل ما يحجبنا عنه، مما قد يشوب خالصَ ذِكْرنا له، ويعيب. وذلك بأن نوطن أنفسنا على حسن الظن به، فنجاهد تعجّلها، بالاستحضار الدائم لحضرته، حتى لا يشرد الذهن عن كريم ضيافته، وعن ذِكره القلبُ لا يغيب، عسى ألا نغفل عما يلقي الشيطان، وحتى إن غفلنا، نتذكر ونرجع إلى حرز ربنا من قريب، فنطمئن إلى كل ما يفعله بنا، ونرضى بما يختاره لنا، ونوقن أننا في ضيافة الجواد الكريم، اللطيف الرحيم، الذي يكرم ضيفه، فلا يضيعه، وهو منه دوما قرب.

في مجال العلاقة مع الله، إنما يقاس تقربه إليك، بقدر تقربك إليه وسعيك لنيل القرب منه. حتى أنه لَيكرمك بسمع وبصر ويد ورِجْل بديلة منه. وبقدر حفظك لله، فإنه يشملك بحفظ منه. وبقدر صدقك معه، فإنه يكرمك بقراب الأرض مِن الكرامات تتعجب منه. فاستفت قلبك، وإن أثنى عليك الغير بفضيلة القرب من الله، فأنت أعلم من ذلك الغير بحقيقة حالك وأعرف بنفسك منه. فاحفظ الله في حدوده، يحفظك في شؤونك كلها، وتجده أمامك، يحيطك بعناية خاصة منه. وهذا موضوع، وإن بدا مستقلا عن موضوع الذكر، فإنه ليس منفصلا عنه. فإنما ذكرته للحاجة إليه في تحقيق الحضور في الذكر مع الله،

بالتحفظ في حضرته. وإلا فإني لا أقصد بضيافة رب العالمين ما يذهب إليه من وسوس إليه إبليس ليبتدع في الدين معنى ليس منه. وقد سبقنا، في طريق التقرب إلى الله، رسول الله الذي هو خير منا ومنه.

فالله، جل في علاه، عندما كلفنا بعبادته، من خلال الالتزام بما حده لنا في شرعه، والتوسل إليه بالامتثال لهديه، ودون أيّ ابتداع في رسمه، إنما ينظر، من كل واحد منا، إلى قلبه. فقد يصطف الناس للصلاة في صف واحد، وبين صلاتي اثنين منهما، مثل ما بين سماء الله وأرضه، وإنما تتمايز أعمال الناس في ميزان الله، ويتفاوتون في مكانتهم عند الله، بحقيقة نية كل واحد، وحسب ما وقر فيما بينه وبين ربه، من توقير وتعظيم وتبجيل وإخلاص له في قلبه. فذلك هو منبع خشوع جسم وجوارح العبد الصادق، عند ذكر ربه.

نعم، قد يخدع المنافقُ الناسَ بالتظاهر، رياءً، بالخشوع وتكلُّفِ وسمه، لكن أنَّى له أن يخدع به اللهَ الذي لا يخفى عليه شيء من سره؟! لذلك فإنه لا يلبث أن تفتضح حقيقة أمره، لأنه حَرَم نفسه من أسباب التثبيت التي هي بيد ربه. وتلك لله سنة ماضية لا تتبدل في خلقه. فمن أحب أن يكفيه الله همه، بأن يفي له بما تكفل له بحفظه، فما عليه إلا أن يجتهد، من جهته، بحفظ ما كلفه الله بحفظه. فالذين آمنو وعملوا الصالحات يهديهم ربهم بإيمانهم[13]. والذين اهتدوا زادهم هدى وآتاهم تقواهم[14] من عنده. وثبتهم بالقول الثابت، في حياتهم ومماتهم، من فضله. فإذا علمنا هذا، ادركنا كم يُدِرُّ علينا من عميم كرم الله ونواله، اجتهادُنا في التحفظ في حضرته بالتحقق في سلوكنا بحق ومعنى ذكره.

صحيح أن واجب التحفظ يلزم سائر أعوان إدارة الدولة، لكن درجة الموظف السامي، في ذلك الواجب، تزيد عمن دونه من الأعوان. وكذلك العباد هم درجات عند الله. متفاضلون في تعاملهم معه، متفاوتون في إدراك خطورة البعد عن طريق الله. فمنهم من لا يرجو لله مِن وقار. إذا رأيته، وهو يتجرا على حرماته، قلتَ متعجبا: "ما أصبر صاحبنا على النار!". ومنهم المتبتل المتزلف لربه، من أجل الظفر برضاه، يمسك قلبه ويقطع أنفاسَه، وعينُه على الزحزحة عن النار والفوز بالجنان. ومنهم متبلد الإحساس كالحمار. إن حمل على ظهره كنزا من الكتب والأسفار، لا يكاد يلقي لها مِن بالٍ ولا يقيم لها أيّ اعتبار. أو كالكلب الضال الغدار، تحسن إليه لكي يرتفع بالمعروف إلى أرفع مقام، وهو متهتك، قد أخلد إلى الأرض، لا يكاد يعرف قدرا لمن أحسن إليه من الأخيار. ومنهم من يخلط الجد بالهزل في موقف الجد، كطفل من الأطفال الصغار.

لكن منهم من حمل نفسه على السمو، فرفعه الله إلى عليٍّ من المقام. قد خاف مقام ربه، بعد أن عرف قدْرَ مولاه. وأدرك مقدار فضله، واشتاق إلى لُقياه. فتأدب في حضرته، وبارزَ، في ساحة ذكره، سكرة غفلته، فهو يجاهد نفسه ألا ينساه. لقد تحفَّظَ من حظوظ نفسه التي تُبعده عن تقواه، وتُوقِعه في انتهاك حماه. وعكف على بابه، وقد شد المئزر بمتين الحزام. يرجو جنته، مشفق من أن يُحرم من وسام رضاه. ويده تتحسس ثنايا صدره، من أن تغويه وسوسة، يحاول بها أن يحبس فيه أنفاس الشيطان. أولئك هم أهل الله، تعرفوا إلى الله، فعرفهم الله، ورفعهم، بإذنه، إلى أرفع مقام.

فيا ويحي! ثم يا ويحي! وقد بلّغني ربي، من عمري، مظنة نهاية الأعمار، وأنا أجهد نفسي في إحضار قلبي مع ربي، وهو عَصِيٌّ عليّ، عنيد، يتمنع عن الإحضار. فمن لي

يخرجني من عذاب عُسْر الطريق إلى وصْلِك يا أله، غيرك يا مغيث، ويا ستار. فارحم شيبتي يارحيم، وانظر مِن حَر دمعتي يالطيف، وقد انسكبت لك من عينٍ كليلة، ببابك يا كريم، في نفحة زكية من نفحات الأسحار؟! وا رباه! من لي يبلغني سِرْب أهل الله، غيرك يا ودود، يا غفار، وقد غاب شبحه عن حدِّ بصري، وحلق في الأفق بعيدا، بعد أن طار؟! ألا يارب ما لي غير نسمة من أُنسِك، تُذهب عن قلبي وحشة هذه الدار! فاكشف غمتي بوصل منك، واكتبني في ديوان عبادك الصالحين، على طريق خاتم رسلك حبيبنا وحبيبك محمد المختار، وألحقني بموكب أهل الله السابقين الابرار!

فأهل الله حقا، هم أهل ذكره:

نعم، إن أهل الله هم أهل الذكر الحكيم، لكن إذا هم تحققوا، عن يقين، بذكره، فقدروا الله حق قدره، وقدموا العلاقة معه على التي لهم مع غيره من العالمين. فكان همهم هو إصلاح نفوسهم، استعدادا للقدوم عليه يوم الرحيل. عرفوه، فتشبثوا، في حضرته، على الدوام بذكره. وقصدوه، فلم يلتفتوا، قطعا، إلى غيره، من الفانين. وآثروا ما عنده من الذي هو خير وأبقى، على المتاع الزائل الذي ابتلى عباده به. فطلبوا الفضل العظيم من عنده. فهو قد غدا محبوبهم ووليهم، وهم قد أصبحوا من أهله.

تولاهم ربُّ العزة، فأعزهم بين خلقه، فلم ينافسوا على دنيا، لأنه قد ملأ قلوبهم بذكره، فأكرم نفوسهم بالغنى. ولم يتلطخوا بالتناحر، او التزاحم أو الكولسة، على مقعد رئاسة أو سلطة، لأنهم توَّجَهُم ربهم بتاج كرامة المهابة والقبول في ربوع مُلكه. ولم يرتكسوا في وحل التزلف للخلق، كي ينالوا عندهم حظوة أو مركزا، لأن الله قرَّبهم منه، وكفاهم ذلك حظوة

بقربه. ولم يتورطوا في طلب الشهرة وابتغاء عند الخلْق بالرياء، لأنه رفع ذكرهم، بمباهاته بهم الملأ الأعلى، فأغناهم، عن تسول ذكر الناس، بذكر الناس لهم، عند ذكره.

إنهم أهل الصدق في ذكره، قد تذللوا له فيه وأحسنوا. وفرّوا منه إليه، فهرعوا وسارعوا. وفزعوا من شبهة الضلال والفتنة، إلى تعهد نور ما أنزل من الكتاب والحكمة، فجعلوه حبلا بينهم وبينه. وكلما أتوا طاعةً من الطاعات، تذكروا عليهم فيها فضله، فامتنوا له بها، وتواضعوا ولها، في حقه، استصغروا. وإذا أذنبوا، أو ظلموا أنفسهم، أو قصروا، ذكرو الله، فرجعوا، من قريب، واستغفروا.

إنهم أهل اليقين في ذكره، آمنوا بأن ليس في الإمكان خير مما اختار لهم، فاطمأنت قلوبهم لِما قضى وقسم لهم، ورضوا وسلّموا. وصدّقوا بوعده حقا، وأيقنوا بعظيم وعجيب قدرته، وأحسنوا الظن به في قرب رحمته ولطفه وفرجه، فلزموا بابه، بالمصابرة، ولم ييأسوا، بل استبشروا.

إنهم أهل الله، إذ يذكرون الله، فطوبى لهم بذكرٍ يطيب به ذكرهم عند الله ويُرفعُ!

ذلك، إذا ذُكر الذكر، ضِمْن كل العبادات، يبقى شأنه أرفع:

فمن عِظَم مقام الذكر عند الله، أننا إذا عممنا معناه، كما سبقت الإشارة إليه في مقطعٍ أعلاه، فإنه يشمل جميع العبادات، حيث يكون حاضرا فيها، ويزين باطنَها معناه، بل إنه، إذا حضر في غيرها من العادات، يحولها إلى عمل ذا أجر، يتقرب به العبد إلى مولاه. وحتى إذا ما نحن قلصنا مفهوم الذكر وخصصناه، فإنه يصبح، بلا منازع، هو أيسر الأعمال وأزكاها

51

وأفضلها عند الله، فرغم خفته على العبد، حين يجلس يذكر مولاه، فإن الذكر هو أكثر ما يُثقِّل ميزانَه عنده يوم يلقاه. حتى أنه فُضَّلَ على الجهاد والصدقة، فيما صح عن رسول الله[15].

وإذا ثبت هذا، فليس معناه مشروعية تفرُّغُ العبد للذكر وترك ما سواه، ولا أن نحمل كل العباد على طريق واحد للوصول إلى الله. فربنا عندما ما أنزل إلينا دينَه وشرعَه، وسَّع التدين بشرائع، ليسع جميع خلقه باختلاف ما يطرا عليهم، بحسب الأمكنة والأزمنة والأحوال. فههنا سر لطيف خفي، لا بد من الانتباه إليه، عند النظر في موضوع تفاضلِ الأعمال. حتى لا تنحرف منا، في فهم التدين، الأفهامُ، وتنزل منا، في الطريق إلى ربنا، الأقدامُ، وتلك مصيدة، ما أكثر ما يقع فيها السائرون إلى الله، فيسهل أن يصطادهم الشيطان، بتفويت مقدار من الأجر عليهم، أو إيقاعهم في سبل الضلال.

نعم، إن عدد الطرق الموصلة إلى الله، كثيرة بعدد الأنام، وأن للجنة أبوابا حسب الأعمال، يدخل من كل باب أهله، كأهل الصدقة وأهل الجهاد وأهل الصيام[16]. لكن ليس معنى تعدد الطرق أن يبتدع كل واحد لنفسه طريقة خارج ما ارتضاه لنا ربنا من دين الإسلام، وبيَّن شرائعَه ورسومه نبيه الذي هو الأسوة لنا والإمام، وقام بتأصيله لنا العلماء الراسخون الأعلام، كما ليس معناه أن نُبَعِّض دين الإسلام. فنهجر باقي السنن والأعمال، ونتجاهل الكمال الذي يتحقق بمراعاة تعدد شُعَب الإيمان. وكما أن في باب أسبقية الفرض الواجب على التطوع، لا يجوز للجندي القائم على ثغورنا، أن يتراخى في رصد وصدِّ العدو الغدار، ولا للطبيب أن يتقاعس عن النفير لإنقاد روح تتهددها الأخطار، ولا للعامل أو الموظف في مباشرة ما كُلف به أثناء عمله من المهام بإتقان، ليتدرع الثلاثة، بدعوى أفضلية الاستغراق الكامل في أوراد الأذكار. فكذاك، لا بد في باب التفاضل في التطوع بين الأعمال، أن نفقه علاقة أفضلية عمل ما بمتغيرات الزمان والمكان والحال.

فأما من حيث أفضلية العمل، في التقرب إلى الله، بحسب الحال، فقد ثبت أن من الصحابة، من كان يفضل الصلاة في تطوعه، لكونه يُضعفه القيام بنفل الصيام. وأما الأفضلية بحسب الزمان، فلأن ما حل وقته قد يفوتنا فضله عندما يُغَيبه عنا الانقضاء والانصرام. وكذلك ومثال، في إثبات أفضلية العمل بالنسبة للمكان. كل ذلك مع مراعاة ما يسلم به العمل المرجَّح في كل الأحوال.

وإنما كان ثبوت فضل الذكر بمعناه الخاص، وسيبقى ثابتا بهذا المعنى على الدوام، لِما ميّزه الله به من يُشْرٍ على أي كان، ومهما اختلف الزمان، وتبدل المكان، ودون أن يحتاج الذاكر فيه إلى أيّة قدرة، ما دام به رمق من حياة، ولم يُصَب عقله باختلال، فلا تَقْرُب منه إلا الصلاة في هذا المقام. ثم إن الذكر، في معناه العام، سيبقى هو الروح التي تستمد منه حيويتها كل العبادات والأعمال. فلا تكمُلُ، ولا تُشعرنا بالقرب من الله، ونستمتع فيها بالاطمئنان، إذا لم نوطن أنفسنا على إحسان ذكرنا لله فيها، ونجاهد ما يركبه الشيطان فينا من غفلة ونسيان.

فذكر الله سبب، من بين أسباب أخرى، يجلب للعبد البركة فيما يباشر من أمور وعاديات حياته. ورغم أن لفظة البركة تعني الزيادة والنماء. فإن تلك الزيادة وذلك النماء، ليسا مما تضبطه أو تحيط به وسائل الإحصاء، ولا مما يستوعبه المعلوم، في دنيا الناس، من معايير الكيل أو الوزن أو القياس جمعاء. ذلك أن البركة باعتبارها ثبوتا للخير، في ذات المبارَك فيه، بالزيادة والنماء، هي مما يهبه الله لخلقه مِن خَفِي العطاء. لذلك نقول عن المخلوق بأن الله جعله مباركا، في حين نقول عن الخالق، ونحن ننزهه ونقدسه، بأنه تبارك. فالبركة أمر غيبي

من أمر الله، حقيقته من غيبه. إنها من عجيب جنده، وخَفِيِّ خَلْقِه، وعظيم آياته، فهي مما لا ندركه إلا من خلال ما نلاحظ من آثاره.

وإن من عجيب آثار البركة، أن تدرك وفْرَةً خَفِيَة تنبع من القلة. فالبركة ليست بالضرورة مرتبطة بالكثرة. وإنما يتجلى فيها معنى الوفرة، فيما توفره من الكفاية. ومن هنا يمكن القول بوجود بركة في وقتك، عندما يكفيك في إنجاز كل أعمالك، فتُكثر من الأعمال في النفع والخير، رغم قلة وقتك وقصر عمرك. ونقول بأن مالَك فيه بركة، عندما يكفيك في سد حاجاتك وتلبية مطالبك. فكأنه يتمطى. وبالعكس فقد يكون لشخص ما، دَخْلٌ أو رصيد من المال فلا يكفيه، في سد حاجاته. وفي تلبية رغباته لا يغنيه، في حين تجد غيره يكتفي في كل ذلك بدخل أو رصيد أقل من ذلك الدخل أو الرصيد بكثير. وكذلك قد يكون لأحدنا من الوقت المتاح الكثير، لكي ينجز عملا صغيرا، فلا يكفيه، في حين قد يتيسر لغيره أن ينجز العمل الكبير، في وقت أقل من ذلك الوقت بكثير. فكأن المال القليل، حينما ينزل فيه الله البركة، يتمطى، وحينما يُودعها في الوقت اليسير يتمدد. وكذلك قد ترى مالا ظاهره الكثرة، لكنه في باطنه ينخره المَحْق. فكأنه من تلقاء نفسه يتبدد.

نعم، صحيح أنه من المفيد، بل من الضروري، حُسن تدبيرك للمال والوقت وغيرهما من أمور العاديات في أمور دنياك. فذلك يساعد على حفظهما من آفة الهدر والضياع، ويرفع من مقدار مردودية استثمارها، وعلى أن تبلغ فيها مبتغاك؛ لكنك عندما تذكر الله، وأنت تباشر تسخيرك وتمتعك بما أعطاك، فإنك تتعرض لسبب آخر غيبي، هو فوق كل الأسباب التي بيدك، والتي، عن التقاعس عن القيام بها، قد نهاك. ففضلا عن كون ذكر اسم الله عليها يجعلك تتهيب من التبذير والإسراف في حق التمتع بتلك النعم التي حباك، فإنك، بذكر اسم

مولاها عليها، تشكره، فيُودِع لك فيها سرَّ الزيادة كيف يشاء، ويثبت لك فيها بذرة النماء، مهما بدت للعين، وهي في يمناك، على قِلة.

قال الراوي: وبعد أن ظل يؤرقني في موضوع البركة سؤال، سألت ابن عباس: كيف يُؤَمِّن الذكرُ البَرَكةَ، وكيف تَبدل بنا الحال؟ فنظر إلي نظرة كأنها، من كثافة معانيها، مقال. ثم تنحنح، فقال: "سأعطيك في الموضوع مثالا، إن كان يكفيك في فهمه مثالٌ. لكن قبل ذلك أذكِّرك بأن الله قد أنزل بركته في بعض الأزمنة، كما بارك حول بعض الأرض والمكان،

وانظر إلى مكة المكرمة، وهي بقفر من المكان، كيف تعج بملايين الحجاج والمعتمرين من الزوار، من مختلف الأصقاع والبلدان، ومتبايني الشعوب والأقوام، كيف يمدهم الله بقوة على الطواف والسعي وباقي المناسك العظام، وهم مشمولون فيها باستتباب النظام، ويعم فيها بينهم عجيب الأمن والسلام، فلا شغب ولا اصطناع متعمد للزحام، وقد أطعم الجميعَ حتى فَضُلَ عليهم كثير من الطعام، ورواهم جميعا، وهم في شدة الحر، بماء بئر زمزم الذي لا ينضب، بل يزيد صبيبه كلما نقصوا من مائه وبانتظام. ثم انظر إلى تلازم كل هذه البركة مع ذكرهم لله في كل شبر ولحظة وآن، حتى ليضج فيها الزمان والمكان، بأصوات التلبية والتهليل والتكبير والحمد وغيرها من الأذكار.

فإذا عقلت واستوعبت معنى البركة بهذا المثال، فانظر حالنا نحن المغاربة مباشرة بعد الاستقلال، ثم قارن، بعد أن تبدل بنا الحال.

لقد عقلت في بداية الصبا، ونحن جماعة من الكبار أو الأطفال، نتحلق على طاجين متواضع، أو قصعة فقيرة، من طعام. هما بكل المقاييس لا يُشبعان جوع المتحلقين حولهما، ومهما زدت في الحد الأعلى للأرقام. وأما الزرع فكانت أغلب الأسر لا تكاد تتجاوز في كل حرثها مساحة فَدَّان. وكانت خزنة العائلة الواحدة، من عولة الزرع في العام، في الغالب، لا تتجاوز بضع عشرات بكيل القنطار. لكن كان هناك قرين من قرناء البركة، يزين الحال.

فرغم ما عرفه عموم المغاربة، في تلك الفترة، من ضيق الحال، ورثوه عن عهد الاستعمار، فإنّ ذكر اسم الله كان، عند تحلقنا حول ذلك الطاجين أو تلك القصعة، من الأولويات التي يُعتبر التجاهل لها أو النسيان، مما يوجب عظيم العتاب، وشديد الملام، وكان من عظيم المنكر عندنا عدم إكرام الإناء، وتركِ لعقِ الأصابع قبل غسلهما بعد الفراغ من أكل الطعام. أما رمي بقيته مع القمامة في سطل الأزبال، فذلك مما لا يمكن تصوره في الأذهان، ولا حتى أن يخطر لأحد على بال.

كما كان ذكر الله والصلاة على نبيه المصطفى والاستغفار، تتعالى بها الأصوات، مقترنة بكل عملية حرث أو حصاد، كما هو الشأن أثناء سائر الأشغال والأعمال. وكان المغاربة حتى تلك الفترة، ورغم ما أصاب ذات يدهم من قلة، لا يتساهلون في أداء حق الله في الزكاة إلى لأصناف الثمانية، بكل ضبط وانضباط وإتقان، وكانوا يوحدون الله عند بداية عد الأعشار بالمكيال، وتهيبا منها وتحرزا من أكل شيء منها، كانوا لا يدخلونها من البيدر إلى الدار. ولا يرتاحون حتى يوصلوها إلى مستحقيها بكل جدية وتفان.

وصحيح أن الفقر كان يخالط أغلبيتهم، بُعيد الاستقلال، حتى أَلِفوا منه الجوار. رغم أنه كان يغشى نواديهم ومضاجعهم، وأنيابه مخيفة، أَحَدُّ من السنان. لكنه كان مسالما في عموم الأحوال، قد منعته قناعتهم من أن يفكر في أن يجهز على أمزجتهم النفسية بأي عدوان. وما ذاك إلا لما كانوا يلزمونه من ذكر لله في كل عوائدهم، كان يشيع سعادة الرضا في القلب، فلا تسمع شكوى أفلتت من لسان، غير الحمد والشكر للمنعم المنان، ولا ترى الوجه منهم إلا بشوشا أو ضاحكا، قد علته، ببركة الذكر، علامات الرضا بالله، وعليه صبغة الاطمئنان. حتى كانوا أحيانا يتشاركون الذي تيسّر مما كان.

وكنتَ إذا سألت أحدهم عن حاله كان جوابه: الحمد لله، ولو استفسرته عن مقدار ما جناه من زرع ذلك العام، أو حصله في تجارته من مال، لم يزد أن يدعو الله، على مسامعك، بأن يجعل فيه البركة، مهما قلّ أو كثُر، ومهما صغر أو كبر فيه المقدار. إنه أمر مدهش أن ترى ما يبدو أنه البركة، وقد نزلت، فأغنت عبادا من داخل نفوسهم، مهما بدا على ظاهرهم من وسم الإفقار. فالوجه الآخر في المثال الذي أدركته بعد الاستقلال، اعتياد ذكر الله أثناء ممارسة العوائد، وتعظيم نعمة الله وشكره، وحتى في معجم لغة التواصل والاتصال، في مقابل الوجه الآخر الذي ينم عن ضيق الحال.

لكن حال الوجه الأول من ذاك المثال، فيه ما يقال، مما لا يخفى على بصير. فعندما أستحضر عينة من تلك الفترة، من أرشيف ذاكرة طفل بريء صغير، وأفحصها بمنظار يافع عاش فترة جيل السبعينات التي ساد فيها فكر متهور مندفع متعطش إلى التنوير، ألمح عليها نقطتين فيهما سواد كثير. أما النقطة الأولى فهي ممارسة الاستبداد من طرف الكبير على

الصغير، فاقت حدود الوصاية، ولكنه كان بنيّة الإرشاد والتدبير، حتى إن الولد، ومعه الزوجة، مهما كبر، يظل تابعا للوالد، مكبلا بالتقاليد، ممنوعا من الاستقلال في الرأي والتفكير. وكبير العائلة له حق البغي على خلطائه، والناس قد يسوغونه، باعتباره تفرضه الضرورة في التسيير.

فسلوك المرء مرهون بما وجد عليه آباءه، في سجن من الطقوس والعادات، مسجون أسير، مهما رأيته حرا طليقا، يسعى على رجليه ويسير. وقد يتحمل الواحد، باسم تلك العادات، من الظلم المُقَنَّع المرير. والتي يُظن إن الله أمر بها، وأنها من صميم الدين. وهو أمر، لا شك، قد شوش كثيرا على ما يلزم عن ذكر الله من بركة تشمل كل شؤون الذاكرين.

وأما النقطة الثانية المتشحة بالسواد في هذا الوجه من المثال، فهو ما كان عليه كثير من الناس من خلط للخرافة بالإيمان، فترى عقيدة التوحيد، وقد تلوث صفاؤها في النفوس، باعتقادات وأساطير ما أنزل الله بها من سلطان. وهي اعتقادات، يتم التوسل بها، عموما، إلى جلب حوائج دنيوية أو دفع أضرار. ولا نكاد نقيم فيها لطلبات الآخرة أي اعتبار. وكنتَ تجد الكثيرين منا، قد تحولوا عن ذكر الله الواحد الديان، إلى ذكر أموات من صلحاء النساء والرجال. يستحضرونهم بالتعظيم ومن دون الرحمن. وينسبون إليهم صفات هي مما تفرد به المنان. استحوذ عليهم الشيطان فأنساهم ذكر الله، فلا تسمع إلا "لالة" مولاتي أو سيدي فلان.

فوراء كل حال من أحوال العباد، سنة لله في خلقه. إذا لم نُقلّبه من كِلَا جنبيه، كما يُنقَد الدرهم من كِلا وجهيه، فإننا لن ندرك علاقة حال عوائدنا بمدى ذكره.

لم يكد يمض عقد ونيف من الزمان على نيل الاستقلال، حتى بدأ الله يبدل ما بنا من حال. فعل المستوى الاقتصادي بدأت حالة ذاك الطاجين وتلك القصعة تتعافيان من آثار مصة الاستعمار، لكن بمقدار. وفي مقابل ذلك، كانت مفارقة الترابط بين التزام ذكر الله والتعاطي للخرافة، تتمنع عن التبخر والزوال. وبدأت موجة حداثة الغرب تضرب ذلك البناء التقليدي الذي أسس بنيانه على تلك المفارقة، كهزات من زلزال. فمن جهة، بدا في أوساط التعليم العصري ينتشر فكر مادي ينكر الإيمان بالغيب، ولا يميز بين دين الله الحق، وبين ما ابتدعه الشيطان للناس من خرافات وضلال.

ومن جهة ثانية بدأ الإقبال على طلب الدنيا بنفسية جديدة، لا يتداول قاموسها لفظ ومعنى القناعة، ولا يستوعب ما بين فناء الدنيا وبقاء الآخرة، من اتصال. وقد زاد، من شهوة هذا الإقبال، ما سبق أن كان عليه القوم من فقر وحرمان، فكانت أقوى في الاشتعال. إنه خطر "تلهف المشتاق إذا أستفاق"، وهو من ضمن ما ظل المغاربة، ولا يزالون يحذرون منه، ضمن كبائر الأخطار.

نعم لقد تمت زعزعة الاعتقاد في الخرافة في تلك الفترة، إلى حد كبير. لكن ما سبق أن وقع من خلطٍ بينها وبين الإيمان بالغيب، في مجتمع "زمان"، بسبب ما يحرص على نشره الشيطان من تحريف وينتجه من إضلال، فإن تخريب عشة الخرافة فينا، يتم معه تخريب عشة ذكر الله، في نفس الآن. وهكذا انبعث فينا العزوف عن فضيلة الزهد، وعن التفرغ لتعلم وتعليم القرآن، في مقابل الإقبال على التعليم العصري، ليس من أجل تحصيل العلوم الكونية لنفع الخلق، والاجتهاد في تجويد العمران، وإنما للظفر بوظيفة تصلح مخبئا مريحا، يُدِر مبلغا

هو شبه ريع من الأموال. وأصبح هدف كثير من الناس هو الترقي في المجتمع، وجمع المال، والتمتع بالدنيا والتباهي والتفاخر بها بين الأقران.

وفعلا، شيئا فشيئا، بدأ يتغير منا الحال. فعلى أديم موائدنا، بدأت تُزاحمُ الطاجينَ والقصعةَ، أطعمةٌ وأشربة، لم تكن لنا في الحسبان. ولم يعد الجلباب هو أغلى ما نلبس، بل أصبح يغار من ملابس تمكنت, إلى جنبه، من احتلال خزاناتنا، من شتى الأشكال والألوان. وفي مساكننا أختفى البئر والدلو والقنديل والشمع، وحل صنبور الماء وزر الكهرباء، مع رتلٍ من الحشم والخدم، هي آلات كهربائية لم تكن خدماتها لتخطر لأجدادنا على بال. لكن شيئا واحدا، التفتنا ذات اليمين وذات الشمال، فلم نعد نجده بيننا أو نراه، إنه ذكر الله. لقد غادر عوائدنا، بعد أن أنساناه الشيطان. لكن، من جهة أخرى، فإنه لا يحق لنا السؤال: ما باله قد غادرنا وشد عنا الرحال؟بل نحن هجرناه، ولذلك علامات وآثار. جُماعها أننا لم نشكر من بدّل وحسّن الحال. وذلك سر ما آل إليه حالنا، في الوجه الآخر، من مآل.

لذلك، لما تبَدّل منا ظاهرُ الحالِ، بأحسن مما كان، فإننا، عوض أن نشعر بمتعة تلك النعم، فتلهج منا، بالحمد، عظْمة اللسان، وتعلو وجوهنا صبغة الاستبشار، شاع بيننا التذمر والشكوى في كل مكان. فإذا سألت الواحد منا، وهو محاط بنعم في حجم الجبال: "كيف أصبحت منك وضعية الحال؟"، قطّبَ جبينه، وعبس، وزفر زفرةً كزفرة فرامل الشاحنة ذات الجرار، وقال، كأنما يعاني من داء عضال: "إنما أُسَلِّكُ نفسي وأُعَدّي الأيام". وهو يعني بلغة أهل المغرب، أن حاله، من الدنيا، ليس على ما يرام.

والحق أنه، رغم ما به من نعمة في الظاهر، فهو، فيما يشعر به في الباطن، صادق المقال. فظاهره النعمة وباطنه مِن قِبَله العذاب. لأنها نعمة، لما ترملت من زوجها الذي هو ذكر الله فيها، صار حلم التمتع بها مجرد وعدٍ كسراب أو خيال. وأصبح الاطمئنان فيه، من شدة التمنع، ضربا مِن المحال.

ذلك أن الواحد منا، ما أن يرى نعمةً مستقرةً عنده، قد حازتها اليدان، حتى يرفع بصره عنها ليبحث عن أخرى غيرها، تفوقها في القيمة والجمال. فتراه، وكل همّه جمعُ الدنيا ولَغْفُها. قد أصابته، من حبِّها، نوبةٌ مِن خَبَال. يظل يجري ويلهث في كل آن، كالذئب ذي الجرادتين، فيما أبدع المغاربة من عجيب الأمثال: ما أن يقبض على الجرادة الأولى حتى يرفع رأسه ليثب على الأخرى، فيفلت منه الاثنان. فلا هو سدَّ بعض جوعته بالأولى في الحال، ولا هو أدرك الثانية، مع ما يبذله من جهد وبإمعان. فهو، رغم ما يملكه، دوما في جوع وحرمان. لأن شهوته قد انفلتت من قمقمها، ولم يعد لها ما يضبطها مِن عِقال. إذ لمَّا نسي عند النعمة، ذكرَ صاحبها، الذي هو شِقّها، لم تثبت، بعد أن فقدت ما لها من اتزان.

إن من أكبر الأدلة على وجود الجنة، وثبوت نعيم الجنان، هو ما نجده من تعطش إلى التنعم، فطرةً لدى الإنسان. وهو تعطش قد ينحرف فيندفع في نوبات عاتية من الطمع، ليدفعنا أحيانا إلى التهافت والجشع. ففي أعماق نفوسنا يقبع اشتهاء هائل، كحب التوسع في العقار، حتى أن كثيرا منا يُعميه، فيترامى على المِلك العام، مِن حَرَم الرصيف أو الطريق العام، أمام المتجر أو الدار. وهو انحراف عن تصورِ حقيقة جنة عرضها الأرض والسموات،

باستبدالها، من الأرض ببعض أشبار أو أمتار. وقس على ذلك باقي الشهوات، حيث نتوهم أن الجنة يمكن إدراكها في هذه الدار.

فعندما تدفعنا العجلة، التي هي من الشيطان، إلى طلب إرواء تعطشنا، بسلوك طريق أهل النار. فإن نسيان ذكر الله، في تحصيلها والتمتع بها، يحجب عنا حقيقتها، فننحرف بالاستغراق في عذاب سرابها، عن التشمير لسلوك طريق الجنة، حيث يتحقق الإشباع بالتمام، وعلى الدوام.

إن كل الشهوات فينا، إنما تَطلُب تحقيقَ المُتع واللذات، بالتمتع بالأزواج والبنين والمال، والألبسة والزينة والجمال، والأفرشة والأشربة والطعام، ومجالسة الندماء والخلان. وكل ما تشتهي النفس وتلتذ به العينان. وعندما نستحضر ذكر الله عندها، ندرك أنه لم يجعلها كلها نعما بإطلاق، وإنما قيَّدها باستحضارنا لمراده منا فيها، وحدَّها بأجل قريب ومتاع قليل، ليس بباقٍ. كما جعلها قسمةً معينة تتفاوت وتتمايز فيها الأرزاق. هنالك تتميز النعمة عن غيرها، مما يُطلب به الإمتاع. وعندئذ فقط تثبت النعمة ويقع بها، ببركة القناعة، قمة الإشباع، ويتحقق معها السير والتشمير في الطريق إلى نعيم الجنة، حيث لذة رؤية ربنا فوق ما فيها من لذات لا تُوصَف ولا تُحصى.

فكما أن ذكر الله، إذا اقترن بالنعمة، يجعل منها ومنه زوجين، فيثبتها ويُؤَمِّن التمتع بها، ويضاعفه ضعفين، فكذلك يرشد ما وقر في فطرتنا من اشتهاء، إلى طريق الرشاد والهدى، فيقينا ما في شهوات الدنيا من مظنة الضلال والغواية والفتنة. ويفتح بصيرتنا، لكي نرى ونختار الذي هو خير وأبقى. ذاك الذي اختاره الله وارتضاه لنا، وأعدَّه للأتقياء. وتلك بركة أخرى، تقينا مصارع النزوة، وتشحد منا الهمة، وتلهب فينا، إلى موطن أبوينا، شوقَ العودة. فاللهم ألهمنا ذكرك وقوّنا عليه، ونجنا من شر سكرات الغفلة.

ذلك أن الدنيا، بمتاعها كله، لا تدوم لأحد مهما كان. وتوشك أن تكون "كدخان إعداد السحور"، دام برهة، ثم لم يكد يبزغ الفجر حتى زال. فهي ملعونة، كما اخبر نبينا، ملعون ما فيها إلا ذكر الله وما والاه، أو كما قال. أي مذموم ما فيها إذا ألهانا وأبعدنا ربنا، وجعلنا نفرط في جنب الله. وهنا مفرق الطريق بين مَنْ ذكر اسم ربه، وما حدَّه من حظ فيها له، فتذكر لُقْياه، وبين من نسي فيها أمر ومراد مولاه، فتوهم أنها هي الجنةَ، فكرس، في طلبها، أغلى ما يملك، وهو سِنون وعقود عمره، في طلبها فأفناه. ثم عند ساعة الرحيل أدرك أن العمر كان قصيرا، أقصر من ساعة، بعد كل الذي أمضاه. فيا ويله من عمرٍ مفلس محروم من بركة ذكر الله!. فما أعظم حسرة صاحبه، حينئذ، وما أتعسه وما أشقاه!

وأما مَنْ ذَكر، في معالجة أمور الدنيا، ربَّه، لم يتعب فيها نفسه، وعصى داعي هواه، فاطمأن بذكر الله قلبُه، لأنه يعوِّل، بعد إعطاء السبب حقه، على تدخل بركة مولاه. وما أكثر ما يكفيه، في شؤونه، همَّه، ويوفر له جهده وماله ووقته، فيبارك في حركاته وسكناته ومسعاه. لأنه، لما ذكر ربه، استحضر توفيقه وطلب عونه، وفوض إليه، في التدبير، شأنه، ورعى أمره وتولاه. ومَنْ هذا الذي تخطئ البركة دربَه، وهو في كنف ومعية ربنا العظيم، يكلأه ويرعاه.

وأما أثَرُ ذِكر ربه، فهو أعظم وأجَلُّ، في أمور أخراه. ذلك أن ذكر الله هو المُولِّد الدائم للقناعة والصبر، اللذين بهما يبلغ منسوبُ البركة في العمر أعلاه. وليس من بركة للعمر غير العمل والإنجاز، فبهما يقاس طول أو قصر مداه. فبالقناعة يكون الإخلاص في العمل والتفاني فيه، فيتحقق به أعلى المقام وأسماه. وبالصبر تكون المداومة عليه، حتى أنه، مهما قلّ، يبلغ في العِظَم أقصاه.

63

لذلك، فقد أدركنا من الجيل الذي كان قبلنا، من إذا لقيته، وقد أضعفت السنون قواه، فإنك لا تشعر أنه يجزع من ذكر قرب أجل الموت أو يخشاه، أو يشكو إليك مرضه أو بلواه، وإنما يدعو، أن يجعل له البركة فيما بقي من عمره، مولاه. كما أنك إذا سألته عن مقدار محصوله أو أرباحه من تجارته، لم يزد عن أن يسأل البركة في كل ذلك من الله. وتلك أيضا بركة في طمأنينة القلب ورباطة الجأش وثبات الجنان، سببها أن العبد يلزم ذكر مولاه فلا ينساه.

عودة للكلام عن البركة، في مقتطف من لغة أهل المغرب:

إن العبارة الدارجة التي ظلت تلازم كلام المغاربة في الصباح والمساء، والتي يدعون فيها الله أن "يجعل البركة"، بصيغة عامة ليس فيها تخصيص شيء بعينه بالدعاء، إنما تعني مفهوما خاصا قد يكونوا تميزوا به في لغتهم، هو مزيج من القناعة والزهد والتعفف والتعبير عن الاكتفاء. وأعتقد أنه مفهوم من إبداعهم، مثل مفهوم"المعقول"، الذي أوردته في كتاب لنحذر العكاز" كاداة للاتكاء.

لذلك فإن لفظة "بركة"، ليست مجرد كلمة مفردة، عندما ينطقها أحدهم في سياق تَعَرُّضه للزيادة من العطاء، أو التعوذ من مظنة احتقار شيء من النعماء، أو التحصن من منزلق التأسف على خير مضى أو متاع نفد وانقضى، وإنما تختزل جملة مضمرة تعني: أننا اكتفينا، ونكف عن طلب المزيد. فمرادفها هو: "كفى". حيث لا نطلب من أنفسنا، أو من غيرنا، أن يزيد أو يُعيد.

ومن جهة أخرى، فإنها تختصر نوعا جليلا من الدعاء، بأن يجعل الله البركة في هذا الذي اكتفينا به، مهما قَلَّ. والتبرؤ من الجشع، باستنزال البركة في القليل، وذلك بذكر الله من خلال التوجه إليه بالدعاء. وكذلك هي لفظة تتضمن الفرار من الأسى عند انقضاء أجل النعماء، بإظهار الاعتراف بحدود النصيب، والقناعة بالذي قد تمتَّع به فيما مضى، مصداقا لعبارتهم الدارجة الأخرى: "من أنهى أكْلَ حقه أو نصيبه، فليغمض عينيه". وذلك حتى لا يطمع فيما ليس من نصيبه. وهو مفتاح القناعة والسلامة والهناء.

ثم إن التلفظ بلفظة البركة في لغتنا، يكافح في سلوكنا آفةَ الإسراف ونزعة التبذير. وأذكر أني، عندما كنت أمرر المغسل[17] على الضيوف، وأنا حدثٌ صغير، ويقع أن أُبْقيَ القَطَّار[18] مائلا، إلى الأمام، فأسرفَ في صب ماء التقطير، أسمع لفظة: "بركة، بركة!"، بشكل متتالٍ وباستعجال، من رجل كبير، فأبادر إلى التحكم في ميلان ذلك الإناء، حتى أصب الماء بصبيب مقدرٍ ومحسوب، يسير.

نعم قد يرى البعض، لذلك السلوك، في مبرر الندرة والقلة، بعضَ التبرير والتفسير، رغم أنه سلوك كان يعم كلا من الغني والفقير، لكني اليوم، وأنا أرى الصنبور يُفتح على أقصى صبيبه، لغسل ملعقة أو كأس صغيرٍ، فلا يتم إغلاقه بين العملية والأخرى، لنُلحقَ بنعمة الله علينا، في الماء، من الضياع الكثير؛ فهمت كيف ارتحلَت عنا البركة، مع كوننا في خير عميم، حين هجرنا ذكر الله، فنسينا ربنا، ولم نستحضر ما يَرُبُّنا به من فضله العظيم.

وهنا، وقد أسهب في الجواب عن علاقة الذِكر بالبركة وتبدُّلِ أحوال الناس، لكأنما الحديث عنها قد ألهب قلب ابنَ عباس، فتشوفَت نفسُه إلى التبرك بذكرى الوالد العباس. فلم يعد يرى، في أن يستطرد بذكر بعض حكاياته في هذا السياق، من بأس.

فانطلق يروي، وقد غمرته ذكراه بنوبة روحانية من الإحساس: "كان بعفويته وبساطته، في سياق ذكره لله وتذكيره لنا بفضله، كثيرا ما يعمد، رحمه الله، أمام أنظارنا، إلى تحريك أصابع يده، وهو يعجب لكل من رأى يده، التي وهبها الله له، موصولة بجسده، وهي تطاوعه بذلك الخلق المعجز في صنعه، كيف لا يفهم ويتذوق معنى "الحمد لله رب العالمين"، ويلهج بها لسانه، نابعة من قلبه. وكأنه، رحمه الله، يشير في حركات وأوضاع أصابع اليد، إلى تعدد وتنوع وظائفها في الأشغال، مما لا يخفى ظاهر البركة فيه. فتبارك الله أحسن الخالقين. الذي بارك في خلقه.

وفي ذلك السياق، إذ يذكر عجيب آيات الله في خلقه، يتعجب ممن لا يرى ما أودع الله من البركة من حوله. ومن أجل أن يقرب لنا معناها في الأذهان، كان غالبا ما يسوق مثال المقارنة بين تكاثر رؤوس الكلاب وتكاثر رؤوس الأغنام. وكيف أن الأولى قد تلد أكثر من السبعة في كل مرة وفي أقل من عام، في حين أن الثانية غالبا لا تلد إلا صغيرا واحدا في كل ربيع على مر الأعوام. ومع أننا في كل يوم نذبح أعدادا هائلة من الأغنام، وأن الكلاب لا نأكلها بتاتا نحن في بلاد الإسلام، فإن عددها يبقى ضئيلا جدا، أمام أعداد الأغنام التي تضيق بها الحظائر وتضج منها الغابات والمروج والآكام. فذلك وجه من وجوه البركة التي أكرمنا بها ربنا، في أرزاقنا، بشكل عام.

فكثيرا ما كان يذكر، في موضوع البركةِ، الشيخَ الحاج محمد بن سليمان، صهر الخال. الذي كان يعيش في قرية أُكافاي، من تراب جماعة مشرع العين، ببلاد الكردان. وكان أساس دخْلِهِ، هو مما يمتهنه من ختان الصبيان. غير أنه كان لا يشترط لنفسه على أحد، في مقابل ذلك، مبلغا محددا من المال. بل كان إذا استدعاه أحدٌ ليختن صبيه بقرية ما، طلب أن يجمع له معه كلَّ من يحتاج إلى الختان، فيؤدى خدمته تطوعا لكل من ليس معه مال. بل كان إذا أعطاه زبناؤه نقودا، سترها في طيِّ كف يمناه، حتى لا تتعرف عينُه على مقدار ذلك المال، ثم رمى بها في جوف "قبّاشه"[19]، الذي كان يومئذ بمثابة القفة التي تُحمَل في الأسفار. وكثيرا ما يرجع من جولته محملا بفراريج وخبز الخَبّاز[20]، فيعطي من كل ذلك إلى بعض من يصادفهم في طريق عودته إلى الدار. فانظر، رحمك الله، إلى البركة وهي تمشي بجنب عبدٍ، سافرةً، بدون خِمار.

وقد حاولت أن أعتصر ذاكرتي لضبط ما كان يروي لنا الوالد عنه، مع الرجوع إلى بعض من كانوا أقرب إليه من حيث المكانة والمكان، وما لي حقُّ تزكية أي إنسان. غير أني أحسبه ممن بارك الله في صحتهم. فقد آتاه زيادة مِن بسطة الأجسام، فكان عظيم الهيئة فارع القامة، من الرجال العظام. وبارك له في رزقه، فكان مكتفيا، مستور الحال، بل كان، إضافة إلى ذلك، ملجأً للضيفان. كلما نزلت جماعة من الجوالةِ قريةَ أُكفاي، يسوقهم إلى بيته، ويدعو الجزار. فيذبح لهم من حظيرته خيرة الضأن.

حتى أن الجزار، ذات ليلة، جاءه، وهو جالس بين ضيوفه، يخبره بأن لحم الذبيحة قد نفد، فرخص له بأن يذبح ما بالحظيرة من الأنعام، كلما احتاج إليه الضيفان. وهو ضاحك، يقول: "اذبح ما شئت، إلا بغلتي البيضاء، ليس لك عليها من سلطان"، أو كما قال. كما

بارك له الله في هيئته وسمتِه، فمتَّعه بالسكينة والهيبة والجلال. وكان يلبس من الألبسة البِيض الحسان، ويركب بغلة بيضاء هي أقرب إلى الحصان. كما بارك له في عمله فكان متعبدا ذاكرا لله، متصدقا جوادا، واصلا للأرحام. وبارك له في خُلقه حتى أنه كان ينفر من مجالسة المغتاب والنمام، متحرزا في حفظ مواعيده، حتى أنه يبكر كي يسبق، قبل الموعد، إلى المكان. كما بارك له في عمره، حتى أنه عاصر الملوك الثلاثة الذين مضوا، وجاوز، بكثيرٍ، المائةَ عام.

وقد كان محاطا، لدى أهل القبيلة، من الاحترام بالكثير. ومعلوم عن قبيلة هوارة، كما لدى عموم أهل المغرب، أنها تُحَور الاسم الشخصي، لمن هان شأنه، بالتصغير، تقصد به الابتذال والتحقير. وتنسب أصحاب القدر إلى آبائهم دون تصغير، للتعبير لهم عن كامل الاحترام والتقدير. لذا لم يشتهر صاحبنا في القبيلة كلها إلا باسم "ابن سليمان"، لدى الصغير والكبير.

وقد هرع إليه أصدقاؤه الفقراء من أهل الزهد والأذكار، وهم يبكون، لما بلغهم أنه بالفعل قيد الاحتضار. فجلس إليهم، كأن الذي كان به، ما كان. وواجههم منبسطا، وقد وضع كفنه تحت وسادته: (نعم، قد حضرتني الموعودة، غير أني استأنفت)، أو كما قال. رحمه الله، ورحم الوالد. فإنما ذكرتهما للتأسي، بعد ذكر الله، ثم لأن بذكر الصالحين نستنزل رحماته. وما أظن بهما إلا أنهما من الفريق الذي صلحت بواطنه ونياته. ثم إن ابن عباس سكت برهة، قبل أن يستأنف ما يروي من حكاياته، عفا الله عنه، وأقال عثرات وسقطات لوحة مفاتيح هاتفه النقال، إذ يرقن بها فيض كتاباته، وكفاه شر زلات لسانه وشَيْن خرجاته.

قال ابن عباس: "فمما كان يحكيه لنا الوالد عن عجيب إخلاف الله للمنفق المتواضع، الذي توكل عليه عن يقين، رغم قلة المال، قصة الحاج لَبيب الحمدة، من أهل "الدوار"[21]، كان رجلا لم يُسجل عليه مع أي أحدٍ خصام، ولا عُرف، فيما يحكى عنه، شيئا من الشنآن. وقد أدركته وأنا في سن الصغار، لكني لا أستطيع اليوم تمييز ملامحه على أية حال. وأما قصته التي كان الوالد يسوقها، في موضوع المعرفة بالله، كمثال، فهو أن الرجل لم يكن يمتلك من المنقولات إلا قليلا من رؤوس الأغنام. فلما هزه الشوق إلى حج بيت الله الحرام، وزيارة النبي الحبيب المختار. باع كل ما يملك من تلك الأنعام، ليركب البحر مع أهل المغرب ضيوفا على الرحمن. فلما رجع من حجة العمر، لم تكد تكتمل دورة ذاك العام، حتى أخلف الله له فعاد إليه قطيعه من الأغنام، تماما كما كان.

وذلك هو بيت القصيد الذي يقصده الوالد إذ قال: فإياك يا ولدي أن يوسوس لك الشيطان، فيخامرك شك في أن الله يخلف لك كل ما أنفقته في سبيل الرحمن، أو كما قال. نعم لقد كان ذلك المثال، هو واقع الحال عندما كان منسوب اليقين في الله عاليا لدى النساء والرجال.

ومن طريف المقال، ما كان يحكيه لنا الوالد عن بعض الأقران، بعد انقلاب الحال- رغم ما ساهمت به التنمية الفلاحية بالبلدة في تحسّن الأحوال- ما دار، ذات يوم، بينه وبين رجل يدعى أبا الفضيل سليمان. إذ قال: سألت الحاج سليمان عن أحوال أهله وسائر من يساكنه من الإخوان في الدار، فقال: وما عساي أن أقول لك عن تلك الأحوال؟! فمع أن الجميع معافى وكاسٍ وشبعان، غير أن شيئا واحدا لا تكاد تدرك منه دَوْرك بينهم، من كثرة ما عليه من

زحام. ومهما طال منك الانتظار. إنه لفظة "أحّ" المعبرة عن التوجع ومكابدة الآلام. فلا يكاد يتوقف عن الأحيح آحٌّ، حتى يطرق سمعك أُحاحُ مَنْ بالجِوار".

فكان ذلك جوابا، من ذلك الرجل، يزن في قوته التعبيرية عشرات الأطنان، حرِصَ الوالد على نشره، بعد أن كتبه الله ضمن آثار الحاج سليمان، عليهما معا رحمة الرحيم الرحمن. فمضمونه ليس خاصا ببيت دون سواه في هذا الزمان. وإنما يعبر عن أن خُلق الصبر قد هجرنا، بل نحن هجرناه، لمَّا لم يَعُد لنا اليقين في ربنا، ففقدناه. ومعه هاجرت القناعة من قلوبنا، إذ لم تعد لنا صلة بذكر الله، وتخلصنا من وِردنا فنسيناه، وتملصنا من عِقد السبحة الذي كان من لوازم أجدادنا وجداتنا، فألقيناه.

ففي لغة أهل المغرب، هناك مرادف للصبر يستعمل بقدر كبير، هو عدم قول: " آح"، توجعا، في الموقف العسير، فيقال عن فلان أنه لا يقول:آح، بمعنى أنه صبور. وربما يكون هذا المرادف، عن قوة التّصبُّر، أبلغَ، من غيره، في التعبير. وإذا كان الأُحُّ أو الأُحاحُ أو الأحيح، في اللغة التي أُنزل بها القرآن- والتي هي أساس لغتهم، عربية دارجة كانت، على تنوعها في لهجة التعبير، أم شلحة، أم زيانية أم ريفية، على الجملة، وإلى حد كبير- هو اسم صوت، يحكي صوت الإنسان، جرّاء توجُّعٍ أو همٍّ أوغم أو حزن أو غيظ، من خلال زفير، فإنه يكشف عن عدم قدرة على التحمل، والتي تتفاوت فيها طاقات الناس بكثير.

وهو أمر قد يكون في النفوس جِبِلِّيّا، تماما كالقدرة العضلية الجسمية على حَمْل الحِمل الثقيل. لكنه قد يكون أحيانا ناتجا عن التسخط والتبرم والتضجر، مما كتب الله بالقلم

وسطَّر، وعن عدم الرضا بما قسم لعبده في سابق القدَر، وعن ضُعف إيمان بما قضى وقدَّر له من قسمة ومصير.

وهذا الوجه مِن هجْر الأحيح وترْكِه، ومعه كل صوت مِن نوعه، كالتأوُّه وصنوه، والأنين وما من جِنسه، والعويل ونحوه، وكل إشارة من صنفه، كلطم الخدود وغيره، إنما هو وجْهٌ يدخل في نطاق ما كلَّفَنا ربنا به، حيث نستحضر أمره بذكره، إذ يطلب منا الالتزام في الفعل والترك بأن يكون لوجهه، فنصبر لحكمه. فإنما ذلك مما نتقرب إليه به ونتعبده به.

وإذا كنا، في المقطع الرابع، قد رأينا أن أحد أساسيْ التعبد هو التوجُّهُ الخالص بالقلب، من طرف العابد، إلى المعبود، فإن الصبر، الذي جعل الله مقدار الأجر عليه بغير حساب ولا حدود، لا يكون صبرا معتبرا عنده، إلا إذا كان عبادة، بحيث نجعل صبرنا لوجه ربنا، ونحتسبه لله المقصود، فنقلع عن التسخط في بواطننا، وعن التشكي بأحيح ألسنتنا، الذي هو بمثابة تقديم شكاية، لدى العبد الضعيف الفاني، ضد القوي المعبود. تعالى الله، ونعوذ به من الكفر والجحود. فلنذكر ربنا، عند كل ما أصابنا، لنتعبده بصبرنا، ويثبت عنده أجرنا، فذاك حصننا من شر أحيحنا. وهو منه حرزنا، يمدنا بالثبات والصمود.

فَداءُ الأحيح في قومنا، كما كشف عنه المرحوم الحاج سليمان، قد يتجاوز، في بعض الأحيان، مستوى التذمر والتسخط بالتوجع مما هو واقع فعلا مِن الإحَنِ والآلام، إلى مستوى التذمر والتسخط من مشاكل هي في الحقيقة مجرد أوهام. وهذا مستوى آخر، من فقدان الصبر، أصبح عندنا هو معضلة الزمان. وأعتقد أنه ناتج عن حرصٍ على تلبية الرغبات، بدون

إرادةٍ تضحية وبذل جهد، وبالمجان. حيث يصبح سلاح صاحبه هو الشكوى وإظهار نفسه للناس على أسوء حال، كما يفعل المتسول المحتال، حتى يستجيبوا لرغبته بأن ترقَّ قلوبهم للحال، فيعفوه من واجب، أو يمكِّنوه من شيء بالمجان، هو في الأصل يُؤخد مقابلِ بَذلٍ جهد أو مال. أو يعطوه مما ليس له فيه حقٌّ، ولا هو عليه بحلال.

ذلك أن الجيوش الجرارة من المتسولين التي تنتشر ببلادنا، من المبرزين في علم الشحاذة والتسوال، والنوابغ في فن دراما الشكوى، واستدرار العطف والحنان، ليسوا وحدهم من فروا من جبهة الكفاح الشريف بالخدمة والأعمال، وهجروا الميدان، الذي يتطلب الصبر وتحمّل التكاليف الثقال. وإنما قد وقع أيضا هذا الفرار من طرف جيل بأكمله من الأجيال. وهو الجيل الذي ينطبق عليه ما مر معنا من مقولة "سيدنا الحاج سليمان".

فترى العاطل منا، وهو شاب قوي يتمتع بهيئة كمال الأجسام، وكل شُغلِه التسخط والزمجرة والثرثرة بمحاذاة الحيطان، والتسكع والدوران. يصبح نائما وقت تقسيم الأرزاق ونزول البركة، وينفر من بذل أي جهد فيما يُعرض عليه من أشغال. يشكو من رائحة التعب، وهو بَعْدُ بعيدٌ عنه بأميال. ويخشى أن يتعرق منه الجبين، فيتحاشى أي حركة، ويُلزم نفسه بالحَجْر تحت الظلال. وكأنما مضمار العمل ميدان حرب، قد دوت منه صفارات الإنذار.

وترى العامل منا يظل يلعن عمله، وهو عقيم المردودية، كسلان. يتفلت من شغله كما يتفلت من حِملِه الحمارُ. شديد الالتصاق بظهر مُشَغِّله كقراد من القردان، ثم آخر الشهر يدقق في مبلغ أجرته، ويشد عليها بالنواجذ والأسنان. وترى البائع، لكي يزيد عليك في الأثمان، يحلف لك بالله أنه أضاع رأسماله، ليبيع لك بالخسران. وترى من يريد أن يشتري سلعة، ولو بدرهم، يشكو للبائع عُسْرَه وخصاصته، ويفضح ذمته، حتى ليكاد يبكي بين يديه من الابتهال، عسى أن يمن عليه، في ذاك الثمن الزهيد، بمزيد نقصان، ولو فتشت جيبه

لوجدته، من "أم درهمٍ" الزرقاء، الفاتنة الحسناء، شِبه ملآن، وقد أختبأت داخله وتحصنت به تحصُّن الثعبان في الغار.

فذلك مثال الأحيح المزور، الذي إذا سمعه الصبر فر هاربا فأخلى له كل المكان. هذا إن هو إلى غيره تمكَّن من الفرار، وإلا ذابت صلابته، من بيننا جميعا، وتحول إلى بخار. نعم إن لكثير من الناس من قومنا معاناتهم، لكن أن تتفهم أحيح مثل هؤلاء، فذلك من المحال.

وقبل ربطه بالأذكار، أسوق عن معنى الصبر بعض الأفكار:

أما الصبر فمن وجهة نظر نفسية، قد يكون من طباع وسِمات الشخصية. وبهذا المعنى فإن شخصيات الناس تتفاوت في القدرة على التحمل، كما تتراوح طباعهم بين تبلد الإحساس وفرط الشعور وشدة الحساسية. ومن الناحية التربوية، فإن الصبر يدخل ضمن محاسن الأخلاق وسامي القيم السلوكية، فنحن نجاهد أنفسنا فنحبسها عن التسرع والعجلة اللذين يدفعنا إليهما ما قد يعترينا من نوبات انفعالية. بل إن الصبر، من هذه الزاوية، هو أبو الأخلاق، لما يجسده من إرادة والتزام وتحمل للمسؤولية. فمن لم يصبر لم يحرز حظا من كل الأخلاق العالية. ذلك أن الصبر حبس للنفس عن كل حماقاتها ورعوناتها الناجمة عن ميولها الأنانية.

ثم في مقابل ذلك، فإن الصبر، من الناحية اللغوية، بما هو حبس للنفس، إنما يقوم على معان التوقيف والتثبيت والمنع والإحصار. وقد يُعبَّر، عن طلبه في بعض اللغات، بلفظ الانتظار، كما في لغة الإنجليز أو البريطان. لذلك ففيه حمل للنفس على معاكسة التيار،

بتحمل عكس ما تميل إليه، من التحرر في التحرك والتعجل والاندفاع حسب ما تهوى، كما هو في سلوك الأطفال الصغار.

وبهذا المعنى فإن الصبر مرتبط بحفظ التعقل وإعمال العقل الذي هو للأقدام كالعقال، وللفم بمثابة اللجام. والتزام التروي والروية، والتأني قصد النظر بعيدا، لتأمين وضوح الرؤية، حتى يمكن ترجيح خيرٍ يحصل في الآجل، على لذة عابرة تُؤتى في العاجل، أو على مكروه يُتحمَّل بمقدار، فنحبس أنفسنا، بالتثبت والمحاسبة والاعتبار، حتى لا تتهافت بسبب هوى النفس، وذلك عن قناعة واختيار.

وعلى هذا المعنى قام حفظ مصالح الدنيا وتدبيرها، على طول الأزمنة والأعصار. وانظر كيف أن العاقل في كل زمان وفي كل الأصقاع والأقطار، يصبر فيحبس نفسه عن أن تدفعها شهوة الطعام إلى الاستعجال فيحصد الزرع قبل الأوان، ويقطف أو يجني ما بالأشجار، قبل أن يتأكد من ظهور علامات النضج على الثمار. لأنه يعلم من العقل والتجربة، منفعة الصبر والانتظار.

ولا يبعد هذا المعنى عن معنى الصبر الذي شرعه ربنا، مع ما شرع لنا من الدين واختار. وكلف ببيانه نبيه الحبيب المختار. حيث أن الصبر حبْس النفس عن أن تفتتن بالشهوات العاجلة، أو المكاره الطارئة، في هذه الدار، إيثارا لما هو خير وأبقى في تلك الدار. فهو صبر لله، ابتغاءً للعوَض بما هو خير منه، واحتسابا للأجر عنده، طمعا في الجنة والرضوان، وخوفا من عذاب النار، وتعرضا لمغفرة الذنوب من طرف الغفار.

فالصبر في التدين، بهذا المعنى العام، هو حبس النفس مع الذين يذكرون ربهم بالعشي والإبكار، يريدون وجهه، في كل ما يأتون أو يَذَرون بقلوبهم وجوارحهم، من أعمال، استجابة له فيما أمر به أو نهى عنه، إلى أن ينتهي الأجل وتحل ساعة الغرغرة والاحتضار. فالصبر هنا

حمل للنفس على الامتثال، بالاستحضار والتطلع إلى ما عند الله، والالتزام بالثبات، حسب الاستطاعة، على عهده ووعده، في يقظة ومصابرة ومرابطة وتربص وانتظار. أملا بأن نقطع بأمان، ما كتب لنا في العمر من مشوار، ونسلك، عند المرجع إلى ربنا، بسلام.

إذا كان مَثَل هذه الحياة الدنيا كمثل مفازة يتعين قطعها على العباد، وتتهددهم فيها فتن الشهوات والابتلاءات بالهلاك والفساد، فإن الصبر أمر حيوي فيها، يجب عليهم امتلاكه، مثل امتلاك الزاد. وكلما زادَ حظهم مِن زادِ الصبر، زادَ حظهم من قطعها بسلام في هذه الحياة، كما زادَ حظُّهم في النجاة يوم التناد. فما يُلَقّاها إلا الذين صبروا، فكان حظهم بذلك عظيما، قياسا إلى حظوظ كل العباد.

فأما نفع الصبر في شؤون الدنيا، فقد أدركنا الكبار، وهم يحفزوننا على الجد والاجتهاد، إذا سمعوا منا قولَ"آح"، أو أحسوا منا فتورا عن الصمود والجِلاد، ذكرونا بقاعدة صارت بلسما تُذْكَر في كل ناد. وهو بلسم يداوي الآثار النفسية للعياء والإجهاد. ومفادها: أن من لم يصبر لن ينجح، ولا أنجز شيئا من المبتغى والمراد". قال ابن عباس: "لما كان أساس التعايش بيننا هو التواصي بالصبر، كان جدي الحاج المحجوب بن محمد بن العباس، كلما أحس من أحدِنا نفادَ صبره، وظهر الفتور من قلبه وأطَلَّ، يبشرنا، رحمه الله، بأن من صبر لحرارة الشمس لا بد أن يبلغ، بصبره، الظلَّ". وفوق كل ذلك، فقد أخبرنا الصادق المصدوق أن النصر مع الصبر[22]، حيث وُجِد الثاني ظهر الأولُ وحَلَّ.

وانظر، رحمك الله، مقابل ذلك، لمّا افتُقِد الصبرُ بيننا، عزَّ النصر علينا، ومن ساحتنا قد ارتحل. وانظر عندما لم تعد تعرف قلوب تلاميذنا مثابرة ولا صبرا، كيف لا ينجح الكثير منهم، إلا إذا غش ونقَل. وانظر إلى ما أصاب حياتنا الاجتماعية من تدهور وكساح. وكيف كانت بيوتنا يساكننا فيها رحمنا، وتتسع لضيفنا، فلا ترى إلا الاستبشار به إذا وصل. ولا تسمع إلا الترحاب كلما طرق بابنا ونزل، مهما نقص ما بايدينا أو قلّ. فاليوم ضاقت صدورنا عن استيعاب غيرنا، بعد أن كان سلفنا يَعتبرون، في الاتساع، القلبَ لا المحلَّ.

بل أنظر اليوم إلى بيت لا يسكن فيه سوى زوجين، لا تزاحمهما فيه والدة ولا حماة، فهما فيه كزوج من الحمام، لا يتجاوزان، في ولادتهما، طفلين. فلا يكادان يصبران لبعضهما البعض، حتى أنهما عند أدنى احتكاك بينهما، ترى الشرر يتطاير وتسمع صوت:"طاق"، كما يحدث عند احتكاك سلكين كهربائيين من قطبين مختلفين. فلا يمضي على اقترانهما سوى عام أو عامين، حتى يدمرا، باحتكاكهما، أسرتهما، ذاتيا. ويفجرا عشهما بقنبلة الفراق. لما نسيا ذكر الله في اجتماعهما، نسيا المودة والرحمة والميثاق الغليظ الذي جمع به بينهما. فانظر إلى ما حل بمجتمعنا من مصيبة الارتفاع المهول لأرقام الطلاق، مع ما تخلفه على الأطفال من ندوب وجراح، وبين العائلات من قطيعة وشقاق. أما الصبر بيننا للوالدين، فلم يعد، عند كثير منا، مِن أعظم القيم واوجب الأخلاق.

وانظر إلينا عند تجمعاتنا، كما يحدث أمام مرفق عام، كيف لا نعترف بنظام صف الانتظار، رغم حاجتنا إليه وبإلحاح. فنستعمل لاختراقه، باستعطاف من هم أمامنا، كلمةَ المرور: "آح"، ونصطنع الزحام كي نتسلل نحو المقدمة في أغرب تسلل وانزياح. نتأفف كل حين، وقلوبنا كالمراجل لا تشعر بارتياح. وانظر إلى هذا الذي تأخر في أحوال انجازاتنا

وحِرَفنا، وعمت به فيها البلوى، وأصابها منه عظيم العدوى والاجتياح، كيف لم تعد معه تنفع فينا حكمة أسلافنا: "لا زَرْبَ ولا عجلة على إصلاح". فكثيرون هم الذين لا يكادون يلتزمون إتقانا، أو يطيقون انتظارا لتحقيق مواصفات الإصلاح. الكل يلهث وراء الربح السريع والإغتناء غير المكلف، يا صاحٍ. بل قد تجد في السوق، من حين إلى آخر، غلة اقتطفت قبل نضجها، من طرف الفلاح. فالكل قد ضاق صدره، فلم يعد فيه للصبر مكان، إلا واحتلته "آح".

وليس معنى الصبر المقصود، كونه صبرا أعمى أو بلا حدود:

فالصبر المعتبر هو ما كان في متناول الوسع والطاقة، مقدورا عليه، داخلا في الاستطاعة. ثم هو ما يكون عن قصد، يفعله صاحبه بوعي وإرادة. ذلك أن ما هو قدَري فينا لا يشمله سؤال التكليف يوم القيامة. ثم إن الصبر لا يُعقل أن يكون كجلسة مفتوحة إلى ما لا نهاية. فإنما هو حبس للنفس انتظارا. والانتظار لا يكون إلا لقادم، ولكل قادم أجل يصل فيه الوِجهةَ والغاية. فلو طلبنا من عاقل أن يلزم مكانا ينتظر فيه إلى ما لا نهاية، لسفَّهَنا، وقال: لمَ اصبر إذاً يا سادة، وقد جعلتموني جَمَدا بلا هدف أقصده أو غاية؟

ذلك أن من طبيعة الصبر الذي ابتلينا به، أنه سريع النفاد، أكثر مما يقع عادة للزاد. ومن ثم فإنه يحتاج دوما إلى مصدر للإمداد. فهو في هذا، على عكس ما رأينا عن البركة، التي ما إن تحل بمحل إلا جعلته يزداد، فيميل إلى السعة والامتداد، وتتضاعف بها الأعيان في الأعداد. قال ابن عباس: "كثيرا ما سمعت من الوالد العباس، إذا لقي من تَجهَّز للحج من الناس، يوصي المعني وصيةً، ينبهه فيها إلى التزود من الصبر "بلا قياس". ويختم بقوله: إنه مهما حمل الحاج معه من زادِ الصبر، في رحلة الحج، فإنه قد لن يكفيه في اجتهاده لتأمين

حَجَّته من موجبات الإحباط والإفلاس". قلت: فذاك والله ما يشعر به الحاج الورع من شعور وإحساس.

ومعنى هذا، أن الصبر، نظرا لمحدوديته ونفاديه باعتبار طبيعة محدودية الطاقة لدى الإنسان، نحتاج فيه إلى شاحن يشحننا بالمزيد منه باستمرار. ومن بين ما يتحقق به هذا الشاحن، هو أن نُجنبَ صبرَنا من أن يكون صبرا أعمى. فإن لم يكن ذلك بتوفر أهل التذكير والمواساة والتواصي بالصبر في محيطنا، فليكن باستحضارنا لما ننتظره بصبرِنا من نتيجة فاضلة عظمى، تتراوح ما بين نيل أبسط حُوَيِّجة من أمور الدنيا، إلى أعظم درجة من رضا الله وزيادة رؤيته، مقترنة بالنعيم في الجنة.

وذلك الشحن يجب إدامته بإعادته باستمرار، نظرا لما يلازم حياتنا من تواتر الفتنة. وهي فتن شتى: فتنة النفس وفتنة الناس وفتنة الشيطان، تتجدد كل يوم وتتوالى وترِد تترى. فهذا الشحن ليس سوى تنشيط الوعي وتحفيز الإرادة. وبتوفرهما، إلى جانب توفر الوسع والقدرة، يتحقق لنا مفهوم أو معنى خُلُق الصبر، الذي يدخل في نطاق التكليف الذي كلفنا به ربنا على الجملة.

فإذا تحرر منا القصدُ باستحضار معرفة وعظَمة المقصود، قويت منا الهمة. وقد قالوا"من عرف ما قصد هان عليه ما وجد". فعندئذ يدركنا عون ربنا، فيبارك في المجهود، ويرفع الحواجز والحدود، ويهون العقبات والقيود، فيكرمنا، في مقام الصبر، بكرامة التجلد والصمود. فما صَبْرنا إلا بالله ربنا. إليه يرجع فيه كل الفضل، وله المنة، فلنذكره عند كل فتنة، ونتصبر بذكره عند كل محنة.

بما أن الصبر، ابتداء، هو حبْسٌ للنفس عن بعض ما ترى فيه راحتها، رغم أنه في غير مصلحتها؛ فلا شك أن أيّة جرعة تتجرعها من الصبر لها مرارتها. ذلك لأن التذوق عندها يميل إلى أن يستبدل الذي هو أدنى بالذي هو خير عند الله، تماما كما يستبدل مَنْ فَسق عن فطرة وأمر ربه، عُهرَ المومس بطُهر الزوجة. فترى تلك النفس تتوهم أن متاع الدنيا الذي خُلق لِيُمَلَّ منه ويفنى، بل به قد تشقى، هو ذاته النعيمُ الذي يبقى خالدا في الجنة.

نعم، إن النفس بميل تذوقها هذا، تجعل من أحدنا كمدمنٍ مُسْكِرٍ أو مُعاقِرٍ خَمْرٍ، لا يجد حلاوة إلا في جرعة، هي مُعافة عند العاقل، بها يتعس ويشقى، وما به من الظمأ، منها لا يُروى. فإذا فاتته لحظةً، لم يطق عليها صبرا. فتراه، من شدة مرارة سُوَيْعة من الصبر، أو أقل وأدنى، قد انتفض كالمجنون المُهَيَّج، وأزبد وأرغى. وضاقت به الأرض وهي أوسع لملايير الخلق وأوعى. وأظلمت في عينيه الشمس، وهي ساطعة تتلألأ في كبد السماء. فكذلك أنتَ وأنتِ وأنا، لقد ثَمِلَ تَذوُّقُنا بإدمان خمرة سراب الدنيا، التي هي قدَرُنا في حكمة ما خلقنا الله له من الابتلاء.

إن هذه الدنيا جعلها الله محكوما عليها بالفناء والفقد، قائمةً بالنَّصَب وعلى التعب وبذل الجهد، مشوبة بالكدر والنقص. مُعرَّضة للفناء والفَقْد، ملغومة بالقلق والخوف، مهددة بالحزن والهم والشقاء، فتّانة، أشبه بشيطانة تُرهق صاحبها بنوبات عارمة من الاشتهاء، فلا يظفر منها إلا بالخواء. فطالِبُ الدنيا، وهو عبد لها، يتعذب بكثرة ما يتوهم أنه يدرك فيها كل ما يشاء.

ثم قضى ربنا ألا ترتفع عنا نقائصها هذه، وألا نستريح منها، ومِن حِمْل ما كُلِّفنا به فيها بالمرة، إلا بالرحيل منها. وذلك إذا بشرنا ربنا بدخول الجنة، بما صبرنا، حيث لا خوف علينا

ولا نحزن ولا نشقى. ففيها ما تشتهي الأنفس، مهما كان الاشتهاء. ولنا فيها ما نشاء، خالدين فيها أبدا.

ليس لِهَوَج الدنيا غير الصبر، ولا لتحلية مَرَارتِه غير الذكر:

أما الدنيا فلن يستطيع أحد تغيير طبيعتها، مهما أوتي من سلطة، أو من حيل العلم، أو من عقل يشِعُّ بالذكاء. ولو بلغ في سُلَّم الغنى والثراء، عنان السماء، فلن يستطيع أن يغير الخِلقة التي خلقها الله علبها، أو أن يبدل سنته فيها، مهما أنفق مِلْأها من الأوراق المالية الزرقاء. وقصارى جهده، في مواجهة ما أودعه الله فيها من حكمته في الابتلاء، أن يختار بين سُبُلٍ ثلاثة لا أكثر ولا سِوى: فإما الانغماس، بإدمانٍ، في لذات مسمومة، تهلكه دون أن تطفئ ما في قلبه من حرقة نار الاشتهاء، وإما الانتحار الذي يحسبه راحة، وهو تَرَدٍّ في نار جهنم، وبوابة الخلود في الشقاء، وإما أن يلجأ إلى الصبر، وليس له منها غير الصبر، كترسٍ أو وِجاءٍ.

غير ان للصبر مرارته، التي تجعله أبعد عن منال مَن استمرأوا طريق الحرمان والشقاء، ليس لكونهم مُجبَرين، ولكن لكونه غربال الاختبار والابتلاء. فقد أخبرنا ربنا أنه قد وجد عبده أيوب صابرا، بعد أن ابتلاه بأنواع من شديد البلاء. وماذاك الختم السعيد الذي به ربه قد خصه، إلا لأنه التزم ذكره، فاستحضر ربوبيته، وعظيم رحمته، فناداه وهو يذكر له حالته، التي هو فيها أشد حاجة إلى لمسة من رحمته، فلم يزد عن أن قال: "مسني الضر وأنت أرحم الراحمين"[23]، فتأدبَ في حضرته بزينة الرضا، ولم يتجاوز حده في الشكوى.

وإذا كان الكثيرون منا، لا يستطيع الواحد منهم أن يزعم أن صبره يصمد أمام أبسط عضة، تُوقعها على أصبعه ألطفُ قطة، وقد بَحَّ منها حلْقُه لمرارة الغصة، فكيف نفهم صمود سيدنا أيوب في صبره المعجز، كما في القصة، لو لا أنه كان لله أشدَّ ذكرا؟! لقد كان استحضاره لربه، وإيقانه بأنه بأعينه، لا يخفى حاله عليه، وأنه برحمته الواسعة هو أقرب إليه، قد حول مرارة صبره، على عِظَم مصائبه، وأليم ألمه، إلى حلاوة احتسابِ ما أصابه عند ربه.

فكان بكل ذلك أن اطمأن قلبه. وسكن روعه. وحضر الأُنْسُ الإلهي بين يديه. فصبر، بكل رضا، لحكمٍ ربه. وزاد من إعانة الله له عليه، أن قيَّض له حضن زوجة مخلصة صابرة محتسبة، خدمته في قمة عجزه، ودرك ضعفِه، وقد أجمع الجميع على إخراجه من بينهم ونبذِه. حتى أنجح صبرَه، فاستجاب سؤله، وكشف عنه ضرَّه، وأصلح شأنه. وإنما قص علينا ربنا أمره، لنتأسى به فيما بارك به فيما صبره. وحتى لا ننسى، في تليين قساوة صبرنا وتحلية مراراته، ذكرَهِ.

وأما أفقيا فمواقف الصبر أنواع وأشكال:

فمن الصبرِ صبرٌ يصون النفس من الفساد، ويحفظ لها حظها من الانصلاح والتقرب. وذلك بمجاهدتها، قصد حبسها عما يحملها عليه هواها، مِن تكاسلٍ وتفلت وتسيب، كالتراخي في القيام بفرائض ونوافل العبادة، والفرار من مكابدة بذل الجهد، بإخلاصٍ، في القيام بواجب الشغل، والميل إلى التنصل والتدبدب. والجنوح إلى التلذذ بالتنقيص من الغير وبخسه وظلمه، والنفور من أداء حقوقه، بمنكَر التهرب. ومنه صبر على كبح انفعالها، كما هو الشأن عند غلبة الطمع فيما ليس لها، واشتهاء الشيء المحرم، أو المُضِرِّ بها، من المرغوب والمحبَّب. أو كما هو الحال عند اندفاع المَغيظ بنوبة غيظ، أو عند سَوْرة غضب المُغضب.

ومن الصبر ضبط النفس عن أن تفرح بما أتاها الله فتزهو به فخرا على البعيد والمُقرَّب. فترى منها العلو في الأرض، على الناس، قد رشح، والطغيان منها قد تسَرَّب.

ومن الصبر صبر يحفظ العلاقات بين الناس، ويحفظ ما بالمجتمع من نظام مرتَّب، كالصبر على حمل النفس على احترام القانون، والالتزام بالدور في الصف، وعلى احترام الآخرين، وإفساح المجال أمامهم، وعدم العجلة عليهم، والإنصات إليهم، والتواضع لهم، والتزام اللياقة في التواصل معهم والتأدب. ومن الصبر صبر على حمل النفس على الاعتراف بالحق والعدل، عند ميلها، في مواجهة الغير، إلى الإنكار بدافع التكبر، أو اهتزازها بريح التحيز والتعصب. ومن الصبر صبرٌ على ألم الاعتراض على ميل النفس إلى سوء الظن بالأغيار، والتسرع في إطلاق التهم، دونما تثبت أو تحسُّب.

ومن الصبر صبرٌ تُحفظ به صحة النفس، ويغفر به الذنب، ويضاعف به الأجر. وذلك حتى لا تهن أو تضعف أمام النوائب والمَكاره، فيحبسها عن منكَر الشكوى، وعن التبرم بالفقد أو الضراء، ويحملها على ترك التسخط والتزام الرضا. ومن الصبر صبرٌ على القسمة التي قسمها الله، بأن يحبس النفس عن أن تحسد من زاد عليها فيما قسم سبحانه من المواهب أو أسباب التكسب. ومن الصبر صبر على تثبيت النفس عندما يلحقها من الغير الأذى، حتى لا يعصف برشدها ريح الاستفزاز، فيترتب عن ذلك سوء المترتِّب. ومن الصبر ما هو حبس للنفس عن أن تأسى على ما فاتها، فتتحرق على جمر الأسى المُعذِّب.

ومن الصبر ما سوى ذلك، مما لو أوغلتَ في استقصاء أنواعه وأشكاله، مما انقرض من حاضر بيئتنا، للبثتَ دهرا فاغرا فاك من الاندهاش والتعجب. وإنْ كل نوع منه، أو شكل، إلا وله في ذكر الله خير سند مُليِّن أو مُرطِّب، ومُطيِّب.

فحين نتفكر في أنفسنا، من حيث مقدار الصبر، نجد أنه رزق ككل الأرزاق، يختلف الناس في أنصبتهم فيه، كما هو شأنهم في باقي الأخلاق. بل إن الواحد منا قد يزيد أو ينقص فيه سهمه قليلا، كما يحدث في سوق المال لسعر الأوراق. وهذا يعني أن الصبر، فينا، هو من المتغيرات التي لا يمكن تملكها أو التحكم في منسوبها كما نشاء وبإطلاق. وإنما هو عطاء، بعد تعرضنا لأسباب التَّصبُّر، من فضل ربنا المعطي الرزاق. فقد تُعاين شخصين، هما شريكان في نفس المصاب، هذا صابر يثير إعجابك بقوة صبره، وذاك، من شدة الجزع يثير في قلبك نوبة من الرقة والإشفاق.

ولو بحثنا عن أوسع ثروة يكون مالكها أغنى، حتى مع ضيق اليد وعسر الإنفاق، لكان الصبر هو مَلِك الثروات بإطلاق. فقد أخبرنا نبينا الكريم فيما أخرجه الشيخان في الصحيحين، أن النبي (ص) قال:" ...وَمَا أُعْطِيَ أَحَدٌ عَطَاءً خَيْرًا وَأَوْسَعَ مِنَ الصَّبْرِ "[24]. ذلك أن الصبر عملة نافقة تنفع في كل المواقف، التي لا تنفع فيها العملة المعتمدة للإنفاق. فبمقابل عملة الصبر نكسب كل ما يواجهنا في هذه الحياة. به صرّفنا كثيرا مما مضى بسلام. وبه نتحمل، بهدوء وأمان، ما هو باق، وقلوبنا موقنة أنه سيمضي بدوره، تماما كما يذهب عنا، بعد ساعة من اشتغالنا، أي تعب أو إرهاق. وإضافة إلى كونه العملة الصعبة التي بها نصرف كل ما نلقاه، على اختلاف الوضعيات والسياق، فإنه، بالاحتساب، يصبح كنزا عظيما مدخرا لنا عند الله ليوم التلاقِ.

وعليه، فإن تفاوت الناس في درجات الصبر، هو تفاوت يجعل الأدنى منهم متلبسا بأسوء حرمان وشر إملاق. وحتى لو كانت ضخامة المبلغ المودع في حسابه المصرفي، تصيب القلمَ، من صعوبة ضبط كتابة رقم ذلك المبلغ، بالعياء والإرهاق. وكانت خزنة بيته تضيق

بحزمات الزُّرْق من الأوراق. كما أن تغير درجة الصبر عند الواحد منا، بهبوطها أحيانا، قد يكلفه خسارات فادحة، حيث أنه، بتَسَرُّع بسيط، قد يأتي على مكتسباته بالإتلاف أو الإغراق.

وإن الحصول على حظ من ثروة الصبر ليس بالأمر اليسير. غير أن مِن سنن الله الماضية في تيسير العسير، أنّ من أراد أمراً فعزم عليه، واستفرغ جهده إليه في المسير، أعانه عليه، فكمّل له، من عنده، ذلك الجهد، مَهْما بدا مشوبا بالنقص والتقصير. وبقدر ما ننتظر في الجهد النقص والتقصير، من العبد الناقص الفقير، فإننا لا نشك في أنه إذا استعان فيه بربنا ذي الكمال الكبير، لا شك يناله نصيبٌ من التكميل، بفضل الذي على كل شيء قدير. وقد وردت إشارة إلى العلاقة بين "إياك نعبد" و"إياك نستعين"، في المقطع الأول بعد الثلاثين. كما ورد في المأثور: " اللَّهمَّ ! وهذا الجهدُ وعليك التُّكلانُ "[25]، ضمن دعاء طويل ثمين.

فإنما الذي على العبد هو تبييت القصد، مع بذل الجهد، أما بلوغ النتيجة وتحققها في واقع الحال، فإنما هو بمشيئة وفضل ربنا الحكيم المنان. نعم إن فعل الصبر ورد على الوزن الثلاثي، أساسا، في القرآن. وهو وزن يُفهم منه، في صيغة الأمر، أن الفعل يطاق التكليف به، فيسهل فيه تحمل الامتثال. غير أن كُلاًّ من الذات والموضوع فيه قد يعتريهما ما تضعف به الطاقة في كثير من الأحيان. وحينها نجد أنفسنا خارج دائرة أهل الصبر، كالذي يسوق سيارته في منحدر حادّ، وغلبت قوة العطالة نظام فَرْمَلَته، لا بد أن يتكلف الفرملة بواسطة المحرك لتتحقق وظيفة الحَصَّار.

وكذلك التصبّر، إذ يأتي الفعل فيه على وزن "تَفَعَّلَ"، وهو من عظَمة اللغة التي شرفها الله بأن أنزل بها كتاب دينه الأكمل. فمن معاني هذا الوزن أن يتكلف الفاعلُ الجهدَ

84

لتحصيل الحال التي يشير إليها الفعل، حتى تحصل له بالفعل. فالتزيين هو تكلف للزَّيْن الذي نراه طبيعةً عند الغير، وذلك بالاجتهاد في التوسل إليه بهيئات ومواد تُظهرنا على غير ما نحن عليه في الأصل، حتى يبدو علينا ذاك الزين بالفعل. وأيضا فإن التفقه يبدأ طالبُه بعزمٍ وتوجه واجتهاد لتحصيل درجة الفقه، وينتهي بفتح من الفهم يفتحه الله عليه. فإذا بصفة الفقه تحل في العقل.

فمهما وجدنا أنفسنا خارج دائرة أهل الصبر، فإن فوات اللحاق بهم لا ينفي إمكانية التدارك والجبر. إذ عندما نحاول التصبر، بالعزم والتمرن على "توسيع الصدر"، والتوجه إلى من لا قوة لنا إلا به، باستمطار عونه لنا بالذكر، فإنه حاشاه سبحانه، ألَّا يُمدنا على الصبر بالعون واليُسر. وقد أمرنا ربنا، في سياق استنزال الصبر، الذي هو مفتاح النصر، عندما نلقى فئة في القتال، أن نثبت ونتوجه إليه بالذِكر.

وههنا قاعدة في ضبط وقياس صلاحية خُلُق الصبر، كغيره من فضائل الأعمال، وإلا لتحول وتحولت إلى حماقات، أقرب إلى ظلم في حق النفس أو الأغيار. وهي أن الصبر إنما يَحْسُن إذا تناسب مع يقتضيه الحال أو المقام. فرغم أن مكارم الأخلاق تحسن بذاتها، عند عرضها على الأنظار، وأن بالنيات والمقاصد يُعتبر إيقاع الأعمال، لكن وجب، من الناحية العملية، أن يُراعى فيها أمر العاقبة والمآل.

وقد مر معنا في المقطع الرابع بعد الخمسين أن"الصبر مرتبط بحفظ التعقل وإعمال العقل الذي هو للأقدام كالعقال، وللفم بمثابة اللجام. والتزام التروي والروية، والتأني قصد

النظر بعيدا، لتأمين وضوح الرؤية، حتى يمكن ترجيح خيرٍ يحصل في الآجل، على لذة عابرة تُؤتى في العاجل". فمن حبس أقدامه عن الهروب أمام مداهمة ألسنة النيران، بدعوى الصبر واحتساب الأجر عند الرحمان، فإنما هو صورة مكبَّرة لمن وقف تحت شمس ملتهبة في صف الانتظار، وهو يصر على عدم تغطية رأسه بدعوى الاصطبار. كما أن من حبَس لسانَه عن الصياح ليعلم الغير بأنه يغالب الغرق في البحر، بدعوى التحلي بفضيلة الصبر، فلا شك أن ذلك من منكر الحمق الذي يتشابه في كل ملامحه مع الانتحار. فليس ههنا مكانُ فضيلة الصبر، لا واللهِ أُخيَّ، ولا يحسن فيه أبدا التزام الانتظار.

وقد زين إبليس لكثير من المتدينين والمتصوفة، من كثير من الأديان، أن يعذبوا أنفسهم ويهلكوها، تقربا إلى ربهم بالصبر له على إيذاء أنفسهم بزعمهم، وأن الله ترضيه تلك الحماقة منهم افتراء عليه، تعالى الله عما يصف مختلف المازوخيين [26] باسم الدين، من أهل الضلال المبين.

فإذا علمنا هذا، فيما هو ظاهر للعيان، لدى البسطاء قبل الشُّطَّار، فلا شك أننا ندرك، بالاعتبار، أنه حتى في الصبر الذي هو في أصل مشروعيته واضح، قد يحدث ما يجعل تركه وهجره هو الراجح. لما يؤدي إليه من شر مآل، أو لِما يترتب عنه من كبير المفاسد، وفوات أعلى المصالح. وكمثال: فقد جعل الشارع رباط الزواج من أغلظ ما نبرمه من ميثاق، وندبنا إلى الصبر على أزواجنا، صونا لمؤسسة الأسرة من مصيبة وعواقب الفراق.

لكن إذا أصبح الاستمرار في ذلك الصبر يجعل مقاصد الزواج والأسرة تحيد عن النطاق، مع غياب أي هدف جانبي يُرجى. وانسدت كل الآفاق، ولم تكن في الهجرة عواقب أشر مما في البقاء في السياق، فقد جعل آنئذ إمكانيةً لترجيح أبغض الحلال الذي هو إيقاع الطلاق. وما يقال عن الصبر في عقد الزواج، يقال عن الصبر في عقد العمل، والصبر في

علاقة الجوار، وغيرهما من العلائق، التي يحتمل فيها وقوع الهجرة والفراق. وقد جعل الله الأرض واسعة ليهاجر فيها كل من، ببقعة بها، قد ضاق. وإنْ يتفرق مرتبطان، حين لم يعد الصبر يجدي في درء الفراق، يغن الله كلاهما من سعته، وهو بيده كل الأرزاق.

وإنما الصبر فيما ليس منه بد، وحين يُطلب منا الثبات:

فإذا كان الصبر المعتبر، إنما يُسلك إليه بالتعقل، لترويض النفس على التحمل، في ترجيح الأصلح، واختيار الأبقى، فهو هداية من ربنا العلي الأعلى. ومن ثم فإن هناك طريقا آخر لتعريف الصبر المعتبر، وتمييزه عما يتشابه معه. وهو تعريف يحد الصبر في كونه حبس النفس عما لا تحمد فيه العاقبة، وحملها على تحمُّلِ ما يعقبه حسن العقبى.

والعواقب، في ترتبها عن الصبر، أنواع ومستويات، وأشكال ودرجات، منها الدنيوية ومنها الأخروية، ومنها أمشاج وأخلاط، ومنها الصغيرة كالتي تترتب عن صبر الصياد الهاوي، وهو ممسك بقصبة الصيد، لا تأتيه حيتانه إلا بعد أن تَمضي من الانتظار اشواطٌ. ومنها الخطيرة كالتي تترتب عن حبس المريض بداء السكري يدَه عن تناول قطعة سكر مُلَبَّسةٍ غطاها الشكلاطُ، أو إقلاع مدخن عن شرب سم السيجارة، فيدرآ عنهما، بذلك الحبسِ، أن يتقطع بقلبيهما النِّياطُ. ومنها العاقبة العظمى التي لا يدركها إلا من استحضر الله بذكره في صبره حقا، فبلَّغه منه الغاية والقمةُ، وكان حظه من الصبر أعظم وأسمى، فكانت العاقبة هي أن يُزحزحَ عن النار ويُرزَق الجنةُ.

فإذا تأملنا ما تقدم من أمثلة، وأمعنا النظر في علاقتها بالعاقبة، أدركنا أن الصبر فيها لم يكن منه بد، وألا بديل في الموقف إزاءها، غير ثبات لا تأتيه من بين يديه ولا من خلفه

زعزعةٌ ولا هَدٌّ. فالمواقف التي نجد فيها أنفسنا، في حرجٍ اتخاذ قرار الصبر، كثيرةٌ لا تُعَدُّ. لأن النفس بطبعها متسرعة، تميل إلى أن يُحفظ لِما تهوى الوُدُّ. وهي أحرص على المسارعة في أن ينال، ما تكرهه، النبذُ والصدُّ. فتراها لا ثبات لها حيث يُطلَب التثبتُ، ويقتضي الثباتَ الأمرُ. لا تنفك مضطربةَ السيرِ بين المداهنة والرعونة. قد أسكرها النزقُ تارة، وتارة أخرى أذهلها الذعرُ. تقفز ذات اليمين وذات الشمال، كفأرة مذعورة ضلّ عنها الجُحْرُ.

في حين أن الصبر تدبير مصلحةٍ، في موقف، لا يَحسم في ترجيحها إلا العقل. لكن الحسم فيها، على ضيق الوقت، لا تناله بركة السداد ويكْمُل فيه الرشدُ، إلا إذا كان بهداية من الله، وذلك لا يجلبه، بعد أسباب العقل المحدودة، إلا الذكرُ. فيكون، مع كل نجاح نحققه، الثوابُ والأجْرُ.

فحتى لو عافاك الله مما يسوقه القدر من بلوى، كالفقد أو الفقر أو الضنى، فإنك لا بد مُمتحَن من طرف الغير بالإساءة والأذى. وبقدر ما تكون الأنانية ضاربة الأطناب بيننا، يتغلب التسيب على النظام، وتعم غريزة حب العلو على الآخر والفوضى. ويكون احترام الغير، بَلْهَ الإحساس به، نوعا من الضعف والعجز والونى. وأن من لم يَظلِم يُظلَم، وأن من الحزم أن تبادر فتتغدى بصاحبك قبل أن يكون بك هو من يتعشى. وأن عليك أن تتحول في علاقتك مع الآخرين ذئبا، فكل من ترى ممن حولك ذئبٌ، وإن لم تر له هيئة الذئب، ولا سمعته يوما قد عوى.

والواقع أنك لو حملت معك كُرّاس يوميةٍ، تُسجل به في يومك كل ما يصادفك، من الأغيار، من أذى، وسجلت مقابل كل واقعة مقدار ما تحتاج لتحَمُّلِها من الصبر، لأدركت أن إذاية الغير قد عَمَّت بها بيننا البلوى.

فهيا، سجل معي كيف، بمجرد خروجك من البيت، تقع عينك الصقعاء على كيس من القمامة غير بعيد، كأنما تقطعت الحبال بحامله، فأبت رجلاه أن تحمله ليودعه في مستودع القمامة مع ما حوى. وبذلك تذهب شحنة من بطارية صبرك هدرا وسُدى. وفي أول مدارة، تهم بالمرور بها، يعاجلك الذي على يمينك بسيارته، فتضغط على دواسة الفرملة، وتفريغا لغضبك قصد حفظ رصيد صبرك، تضغط على المنبه، لكن صاحبك يخرج يده من نافذة سيارته أمامك ليحتج عليك بشدة، هذا إن لم تسمع منه سبابا وإعلانا للوغى، فتضيع، عبثا، من صبرك شحنةٌ أخرى.

وعندما تحاول أن تركن سيارتك، بعد وصولك الوجهة او الهدف المبتغى، يباغتك حارس مجهول الهوية ليس لديه ما يُلزمه بالحياء، ويعاجلك بأوامر فظة، يتولى بها ركن سيارتك، من خلال إصدار الأوامر إليك، في استعراض لسلطته، وبأسلوب مليء بالإهانة والاستعلاء، فتخضع لرعونته، وتتصبر مخافة أن ينتقم من سيارتك عند ابتعادك، وبتصبرك تَضيع من صبرك شحنة كثيفة أخرى. ثم لما تدخل السوق أو تلج بناية إدارة أو مؤسسة لتقضي ما الله قد قضى، لا تكاد تفرغ من إرْبِك حتى تلحقك رشقات من الأذى، بسببها ينفدُ من صبرك كل تبَقَّى. وفي طريق رجوعك، ووعاء صبرك صِفْرٌ، لا تواجه ما يصادفك فيها من أذى، غير كرامة من بركة ربك، تتنزل بلحظة اجتهاد في الذكر والدعاء. ولا تكاد تصل إلى بيتك حتى يكون رصيدك تحت الصفر، قد غمره سيل من التأوُّه والشكوى. ولولا أن يُلهمك ربك ذكرَه، فتحتسب أجرَ صبرك عنده، لانفطرت كبدك من شدة حرارة لَظى الأذى.

فإذا كان الحل في التخلص مِن حِمْل الصبر على أذى الناس عندما لا يُطاق، هو الهجرة أو الهجر، حيثما تيسر للمتحمِّل الفراقُ، فإن مسببي ذلك الأذى يمكن أن يكونوا أقرب إلينا، قد جمعنا بهم التحام والتصاق. لا سبيل لهجرهم، فهم، ونحن في قبضة أذاهم، كشمس يوم الحشر، قد دنت منا، ولا محيص عن حرّها، قد طاب لها الإحراق. فذلك الاقتران بأمثال هؤلاء، والله، هو يوم الحشر في الدنيا، قد حشرنا معهم القدر والسياق. فيا ويلنا منهم في الدنيا، ويا ويلهم منا يوم يَضبط موازينَ الجميع الإحقاقُ. حيث الكل بما كسب مُرتهَن، وإلى مثواه المستحَق، الكل يُدَعُّ دَعّاً أو يُساق.

وعندما يكون من يسبب لك الأذى والضَّيْر، هو ممن قرنك الله به من الغير، كذي رحم مُلِئ قلبه بالشر، أو شريك سفيه أمكنه الله فيك من الخناق والظهر، ومضى يبترك في سادية لا تعرف معنى للحد والحصر؛ فاعلم أن الله ابتلاك ببلاء عسيرٍ مُرّ، وندبك إلى خطير أمرٍ، وأراد أن ينظر منك كيف تعمل في موقف الصبر. فكلما كان مصدر الأذى ملتصق بك، لا تستطيع فيه سبيلا إلى هجرٍ أو فكاك أو فرّ، وحَمى وطيسه وأطبقت منه على قلبك شدة الحر، فقد تأكد في حقك خيار الثبات، ووجب منك الالتحاف بلحاف الصبر.

فقد رأينا أنه لا صبر إلا فيما ليس منه بُدٌّ، وكان، في التزام الصبر عليه، وجيه عذرٍ. لأن الذي ندبنا إلى التزام الأسباب بإماطة الأذى حتى عن الطريق، ووعدنا عليها بالأجر، هو نفسه الذي ندبنا، عندما نَعْدِم الأسباب، إلى أن نلتزم بالصبر. وإن تلك المرارة التي يُقطِّرها على قلبك، موقف الاضطرار، وذلك الألم الذي يبعثه فيه العجز عن الهجر والفرار، هو نفس الترياق الذي قد ينفعك به ربك، فيحيي به في قلبك بذرة شجرة الأذكار، ويدفعك إلى توحيده في

الوجهة، فيسارع منك القلب واللسان إلى صادق الاستغفار. وقد سبقت معنا قصة سيدنا يونس حين أطبقَ عليه هَمّ ظلمات بطن الحوت في ظلمات البحار.

وإن الصبر، في موقف الاضطرارِ، هو بطن حوتك، فحذارِ!

فليس برجل رزين، ولا امرأة رَزانٍ[27]، من يضع نفسه في مواقف تستدعي الصبر بالمجّان. ولا من تمام العقل والفطن، أن نسأل الله كي يجعلنا في موقف ابتلاء أو اختبار. ولكن إذا ما حدث وجرت به علينا ريح الأقدار، وأحاط بنا من كل جانب سور الاضطرار، فذلك هو بطن حوتنا الذي يجب الانتباه إليه، فحذارِ، حذار! فحينئذ قد حق الثبات، ووجب التشبث بالتصبر والاصطبار.

نعم، حذار أن يوسوس لك الشيطان، فتُحدثك نفسك بالهرب والفرار، أو يغريك جزعك بالنكوص والإدبار، أو يدفعك الفزع إلى الذهول والانهيار. أو يُسلمك اليأس إلى التفكير في الانتحار. نعم ستسْوَدُّ من حولك الدنيا وتُطبق على عينيك قِطع من الظلام، وستجتاح ثغورَ قلبك جيوش من جند الأحزان. وسيخيل إليك أن هلاكك واقع ليس بالمُحال. بل قد تجد نفسك مهجورا، غريبا، وحدك في الميدان، محروما من أي أنيس يخفف عنك وطأة الوحشة، ولو بشيء من جميلِ كلام. أو تبثّه شكواك، مما تجد في أعماقك من ألم يتجاوز طاقة الأعصاب، حتى لَتُحِسّ بعضته في مُشاش العظام، فتُفرغ بين يديه ما يضيق به صدرك من أسى وأشجان، وأنت مقطوع من أي وسيلة للتواصل، محروم من أي اتصال.

فعنئذ تيَّقن بأنك وضِعتَ في موقف الصبر حقا، لأن تلك هي علامات وضعية الاضطرار. حيث تعيش تجربتك مع غم بطن الحوت، وإنْ كانت مصغرة وباختصار. وثق بأنه

لن ينجيك منه سالما غيرُ ذكر ربك وتسبيحٍ باسم العزيز الغفار. لكن حذار أن تظن أنه مجرد ذكرٍ وليدِ اللحظة والآن، ثم يُنْسى عندما ترتفع الغمة وينجلي منها الغبار.

فالثبات على ذكر الله في وقت العسرة والاضطرار، إنما هو ابن بار للثباتِ على ذكر الله في حال العافية، وعلى الدوام، فحذار أن تنسى في الرخاء ذِكرَ الله، حذار!. فقد أخبرنا ربنا، أن سيدنا يونس، الذي ابتلاه بالصبر في موقف الاضطرار، بعد أن لم يصبر لحكم ربه، فذهب مغاضبا حردان، إنما ألهمه التسبيح في بطن الحوت، والمبادرة بالاستغفار، لأنه كان يسبح ربه مِن قبْلُ، على الدوام، فتداركه، وهو مفتون بالغم داخل طبقات من الظلام، بسبب تعوده على هذا الورد الجليل من الأذكار، فكان أن اجتباه ربه بحسن تصَرُّفِهِ، في موقف رهيب، من صبر الاضطرار.

فبذكرك لله في أمره، يريك، في معاناة الصبر، من فضله:

وإن ممن كانت لنا فيهم أسوة حسنة: أبونا إبراهيم، إذ أمره ربنا بذبح فلذة كبده إسماعيل. فأي صبر هذا الذي كان من والد راشد حنون، حين يتحمل مثل هذا الأمر، في ابن بلغ معه السعي للحين، وأي صبر هذا الذي كان مِن ولدٍ من اليافعين، يعين أباه على الامتثال لأمر ربه، وقد تحصن بمقام الصابرين. بل أي بلاء هذا الذي ابتلى به الله كلا الرجُلَيْن!

لكن العبرة من قصتهما، التي خلدها ربنا في العالمين، هي أنهما كانا له، عند أمره، مسلمين، في لحظة ابتليا فيها البلاء المبين، فلم يترددا في الصبر لله، وكانا له من القانتين. لقد استحضرا مقام صاحب الأمر، وهان عليهما حِمل الصبر المرير الثقيل، لمّا أيقنا أنه أمر

الله رب العالمين. فأسلما وتل الوالدُ الولدَ للجبين. وكانت العاقبة أن أراهما الله، بصبرهما، من فضله، فكانت الفدية بذبح من الجنة، عظيم، ومعها ما يفوقها قدرا، من الأجر يوم الدين.

وكذلك أنا وأنتَ وأنتِ، ونحن نزعم أننا على ملة الحنيف أبينا إبراهيم، كم من مرة، نُدبنا لنتأسى ولو بمقدار ذرة من إسلامه، كي نصبر لأمر رب العالمين، مهما بدا لنا الصبرُ بمذاق مرير، لكن غُلبنا على أمرنا، في الإسلام لأمر ربنا والصبر لحكمه، من طرف عدوّنا إبليس اللعين، واستسلمنا لداعي العجلة ففشلنا، وضل عنا، في ذلك، السبيلُ، ففاتنا من فضل ربنا الشيءُ الكثير.

ولو أنا رجعنا إلى بعض ما تداركنا الله فيه برحمته، وهو أقل من القليل، فوُفِّقنا فيه إلى الإسلام له في أمره، ومقابلة حكمه بالصبرَ الجميل، لرأينا عياناً كيف أن ذاك الذي ظاهره المعاناة، قد مُلئ باطنه هِباتٍ من فضله العظيم. ذلك أن أعظم جزاء عن الصبر في الدنيا، هو أن يريك الله عواقبه، ليس بمعجزة كمعجزة المرسلين، وإنما بأن يجعلك في محنتك تُبصرُ ببصيرتك ما يبصره الضرير. فتحس في قلبك سكينة تُقرِّبك من البَر الرحيم. وترى ذنوبك المُحرِقة، وقد انطفأت بماء احتسابك في صبرك، وغشيك السلام من ربك اللطيف الكريم، وأحسست ببرد نار البلاء في قلبك، تماما مثل النار التي ألقي فيها أبونا إبراهيم. وذلك بعض ما يكرمنا به ربنا، عند ذكرنا له في صبرنا، من فضله العميم.

قال الراوي: بينما أنا أسير فيما يشبه المنام، التقيت بأبي محمد الدوان. فما شعرت إلا وأنا أُوجِّه إليه السؤال: "ما قولك في حقيقة الاتزان؟"، فقال: "أصلحك الله وغفر منك ما كان!و هل تصلح معاملاتنا إلا بوجود الميزان؟و هل يُكتب لعلاقتنا فضل الاستمرار، بدون استواءٍ في ضبطها، واعتدال؟و هل تقوم صحتنا النفسية بدون توازن واتزان؟و هل بدون منطق تتزن به عقولنا غير الانهيار والانتحار، أو الجنون والاختبال؟و هل بدون توازن في المجتمع والكون يحفظ النظام، غير الفساد والانحلال؟! إن الاتزان، يا ولدي، إليه تسعى الكائنات فطرةً في كل آن، وتحرص على الحفاظ عليه إذا توفر وكان. وتسعى جاهدة إلى استعادته إذا ما اعتراه أي اضطراب أو إرباك أو اختلال".

قلت: وهذا الذي ساقه إلينا الراوي عن ابن عباس الدَّوَّان، حول قيمة الاتزان، هو في بابه غاية الكلام، بل لعله في موضوعه من أفيد ما يمكن أن يقال. لكن الأهم منه هو طرح السؤال: كيف يُحصل على الاتزان في حياتنا ويُنال؟ وقد رأينا في عنوان أول مقطع من هذا المقال أن أحدنا لا يقوم وحده في كل الأحوال. ذلك أن الله ربنا هو الذي يخلق ويرعى التوازن في عوالم الكون كلها، وضِمنها عالم حياة الإنسان. ذلك أن أخطر ما يهدد حياتنا هو نفوسنا، وهي تواجه ما يتقلب في الحياة من منازل وأحوال، عندما يفلت لها منا الزمام، بفعل قوة وشدة صدمة الانفعال، ويتنكر لنا الصبر، ولا يسعفنا العقل، لكبح جماحها، بعقال، فتقع في دوامة ردود الأفعال.

فترانا إذا ما أحببنا، أحببنا بهَبَلٍ وهُتْرِ السكران. وإذا ما كرِهنا تجاوزنا كل حد، وحطمنا الرقم القياسي في الحقد والشنآن. وإذا ما تواضعنا، عرضنا للمارة خدودنا على أديم الأرض ليطأها اللئام بالنعال، وننسى مسؤوليتنا في ذلك ونظل نلعن من نسميهم "أولاد الحرام". وإذا

94

ما منحنا ثقتنا، منحناها حتى لكل ثعلب خبيث، أو لقيط ذنيء النفس، وبالمجان. وصدقنا كل كذاب مشعوذ دجال. وإذا ما تَحوّطنا أو احترزنا، تجاوزنا ذلك إلى سوء الظن، بل إلى القذف والاتهام، بدون دليل أو برهان. وإذا ما أنفقنا فإننا نُقتر من خوف وشحٍّ، أو نسرف زهوا، فما ابتغينا ما بين ذلك مِن قَوام. وإذا ما أحد اعتدى علينا بنصف كلمة، نصبنا راجمات صواريخنا لنرجمه بوابل من السباب وفحش الكلام.

وبلا إسهاب في إيراد الأمثلة أو استطراد، نقول باختصار: إننا قد فقدنا في حياتنا مناعة الاتزان. وتلك منقصة أفسحنا لها الطريق، لتدهم حياتنا كالطوفان، لما نسينا أن نذكر الله حقا على كل الأحيان، وهجرنا تحسُّس حبات السبحة وتدبر الأذكار والقرآن.

نعم، إن هناك هبة من الله لبعض الناس فيما جبلهم عليه من طباع وخصال، وأكرمهم به من عقل يمدهم بخير عِقال. إذ قسم الأرزاق، وفضل من شاء فيما شاء. وهو الوهاب المنان. لكن، لمّا ابتلانا بمجاهدة النفس لتلزم الصراط القويم المفضي إلى الجنان، فقد كلفنا، في سلوكنا ومواقفنا، بنبذ التطرف وتوخي الاعتدال، وندبنا في أمورنا كلها إلى القيام بتحقيق الاتزان. إذ أمرنا بالعدل وحذرنا من أن يجرمنا عنه أي شنآن. وجعله الطريقَ الأقرب إلى التقوى، التي هي الهم الدائم لأهل الإيمان.

وإنما التقوى في صلبها خوف وإشفاق من حساب ربنا واضع الميزان. وأن كل خشية له أو خوف منه، إنما يَعْظُمان في الاعتبار، إذا كانا خشيةً أو خوفا بالغيب من الرحمن. فذلك هو ما يُفضي إلى تحقيق درجة الإحسان. وليس أنفعَ في ذلك، ولا أرسخ وأبقى أثرا، من ذكر

الله بالتذكير والادّكار، وحفظ رقابته بحسن الاستحضار. ولذلك كان الذين اتقوا، إذا مسهم طائف من الشيطان، في غضبة أو شهوة أو نسيان، ليخرجهم عن رشدهم ويزيغ بهم عن جادة الاستقامة بإقامة العدل والتزام الاتزان، تذكروا فكان تَدارُكُ الله لهم برحمة الإبصار.

فذِكر الله عند الاضطراب أو الارتباك، هو صمام أمان، خاصة لذوي الطباع الجامحة مثل طبع هذا العبد الضعيف المهدار. المبتلى بضيق الصدر، وسَوْرة الانفعال، الشحيح الصبر المندفع بالاستعجال. نسأل الله حجابا من الستر، ومَددا من الرحمة والغفران. فالذِكر يساعد على بعث العلم بالله في النفس، فيهديها السبيل بالإدّكار. ويُغيثها بغيث السكينة والثبات والاطمئنان. ويلين تصلُّبها، ويردُّ مزاجها الجامح إلى جادة الاعتدال.

وانظر كيف قرن ربنا خشيته بالعلم به، في محكم القرآن. ومن ضِمن ذلك أنه يذكرنا بكونه يعلم ما في أنفسنا لنحذره، فلا نزيغ عن العدل، فنظلم في معاملتنا، أو نقع في التطفيف وإخسار الميزان، أو نتبع الهوى بالكيل بأكثر من مكيال، أو التورط في ورطة الميل والفرط والطغيان، وغير ذلك من مواطن الابتلاء بمدى التزام الاتزان. وبذلك نقف على نفس المسافة من مختلف الحقوق التي تلزمنا، وبالتمام. ونعطي لكل ذي حق حقه بالقدر الذي قضت له به كفة الميزان. فننصف أنفسنا من غيرنا، كما ننصف من أنفسنا الأغيار.

بل انظر إلى الكلام الذي حكاه لنا ربنا عن مؤمني الجان. إذ صرفهم إلى الحبيب محمد، وهو قائم يصلي، ليستمعوا القرآن. وكيف شعروا قبيل إيمانهم بأن ذلك الذكر الحكيم يهدي إلى الرشد وإلى سبيل الحق والصواب.

فعندما يسر الله، أن أختار في كتابة هذه الأسطار، عبارةَ "اذكر ربك إذا نسيت"، كعنوان، لم أكن أعني بذلك جزءَ الآية الواردة عن أصحاب الكهف في القرآن. وإنما قصدت التبرك بالاقتباس من كلام الرحمن، الذي هو سلطان الذكر والمشكاة التي يستنار بها في كل الأذكار. عسى ربي أن يلهمني السداد، ويعصمني من الزلل، في مجال زلت فيه ألسنةٌ وأقدام، بإيهام وإضلالٍ من الشيطان. لذلك حرصت أن أُقيد قصدي هذا، بعدم إثبات ما كان به الاستهلال لجزء الآية ذاك، مِن حَرْف الواو. وذلك حتى لا يظن ظان أنني أفسر آية أو أستنبط ما تنطوي عليه، من معان وأحكام. وأنا القصير القامة، في ظلال أهل العلم الأعلام، عديم الباع في الميدان.

غير أني أرى هنا من اللزام، في سياق ما أسوقه، عن ذكر الله، من كلام، وما أخذني في ذلك من استطراد واسترسال، أن أشير إلى ما ورد في جزء تلك الآية من تفسير للسابقين الأعلام، حتى أُجَليَ فكرةَ ما للأذكار من آثار، في حفظ الاتزان، في مختلف المواقف والأحوال، بمزيد من الإيضاح والبيان. فقد ورد عن عكرمة البربري المغربي الأصل، المدني التابعي بعد أن شد إلى مدينة نبينا حبالَ الترحال، مولى وتلميذ ابن عباس ترجمان القرآن، أنه قال في تفسير قوله تعالى "واذكر ربك إذا نسيت"[28]، أي إذا غضبت. ومعلوم ما يقع للغضبان، عند غضبه، من فقدان للاتزان.

ومن المعلوم كذلك، أن لسلف علمائنا أكثر من منوال في تفسير القرآن. فبالإضافةً إلى تفسيره بما يطابق اللفظ فيما وضِع له من معنى في لغة العرب، حقيقة أو مجازا، وفق عادتهم في الكلام، نجد التفسير بما يلزم عن معنى اللفظ عرفا أو عقلا أو شرعا، دون أن يدل منطوق

ذلك اللفظ مباشرة على ذلك المعنى المستفاد. وإنما يُسلك إليه عن طريق ما يلازمه من حيثيات وأحوال، أو ينتج عن لازمٍ معناه في السياق، أو يؤدي إليه من ثمرة أو مآل.

وواضح أن الغضب ينتج ويستفحل عن النسيان. ففي حال الغضب يقع للعبد ارتباك أو اختلاط أو اختلال. ووجه تفسير النسيان بالغضب هو أن الغضب سبب للنسيان، كما أنه يسبب النسيان. وإنّ ذِكر الله، على كل حال، يرفع عن أعيننا الغبش الوجودي، فيثبتنا ويُرجع إلينا الاتزان. وهذا يشبه ما نُقل عن مجاهد صاحب ابن عباس، رضي الله عنهما، في تفسير آية سورة الرحمن: "ولمن خاف مقام ربه جنتان"[29]، حيث قال: "هو الرجل يريد الذنب، فيذكر الله تعالى، فيدع الذنب"[28]. وهو معنى إنما يُستفاد بلازم اللفظ أو من طريق الالتزام.

وقس على هذا ما يجري مجرى الغضب والشهوة، من مواقف وأوضاع وأحوال، قد يصاب فيها سلوكنا بالانحراف عن الصراط السوي، ويعتريه داء الميلان. وربنا أعلم، أسأله تعالى العصمة من كل شطط أو زلل أو ازورار.

فقد علِمنا أن وجودنا في هذه الحياة الدنيا إنما هو للابتلاء، وأننا، شئنا أم أبينا، ماضون منها، وراحلون إلى الدار الآخرة دار الجزاء، حيث كتب الله لنا الخلود، وأذِن لنا بالبقاء. فإن الدنيا لا تبقى ولا تدوم، وإن أحوال كل من فيها تحول، مثل زهرة لها ثغر مبسام كثغر غادة حسناء، أعجَبت في نضارتها العيون، وسط حقل خصيب من الحقول، ثم يبست وصارت، مع ما حولها، هشيما، بعد أن طاف عليها طائف الذوي والذبول. ثم تحولت إلى هباء.

فكل ما في الدنيا ينقضي ويزول، وهي محكومة بالفوات والفناء. ونحن فيها من طور إلى طور نؤُول. لا تثبت لنا على حال. وهامها يتقلب ويدور، ككثيب رمل في صحراء. تراه، ههنا، بأم عينيك في الصباح، ثم يختفي، كأنه لم يكن، عند حلول المساء. وأحمقٌ مَن يُمَنّي نفسه بالمكث فيها. وقد مَلك أضعف العقول، مَن يَعِدُ فيها نفسه بدوام السرور، ويرجو أن تدوم لذتها له أو تطول. أو أن تمهله أو تعفيه من أن يلقى أجله المحتوم. فما أكْذَبَه من وعدٍ، وما أوهنه من رجاء! متقلبة هي غدارة. بدالة هي دوارة. عجوز ماكرة شمطاء، متنكرة في زي فتاة ودود بشوش حسناء. ناعمة الملمس جميلة المظهر مزركشة رقطاء، لكنها تخفي أنيابا معقوفة تحمل سما زعافا كالأفعى.

فكم من مَقْلب محتمل في كل يوم، قد تفاجئك به الدنيا. ولا ينفعك، وأنت تسير في زقاقها الضيق الملغوم، وتحسب الخُطى، نحو قادم الغيب المجهول، سوى ذِكرك لربك في كل خطوة، بالتسبيح والحمد والتكبير، على طول. وقد أطفأتَ نار التوجس والترقب، بزلال تفويض الأمر له والدعاء. هنالك تكون قد جمعت إلى التحصن بأمنع الحصون ضد صدمات تقلبات الدنيا، زاداً من الأجر، يثبت لك عند ربك، ويكتبك به في ديوان الأولياء، ويثبتك به في الحياة الدنيا إلى أن تؤول بسلام إلى الانقضاء. ثم يُثبتك به عندما ترتعد الفرائص وترتجف الأقدام وتخور. وتبلغ الحناجرَ القلوبُ، يوم اللقاء. إنها الباقيات الصالحات التي هي عند ربك خير وأبقى.

وبذكر الله قد تصبح نكهة الأقدار المرة بطعم الحلوى:

لقد جُبل الإنسان على القلق من توقع الفقد وحلول الروع، وهو المخلوق الهلوع. فقد يأخذه الهلع من المكروه والفزع من المحذور، حتى قبيل الوقوع. فكيف هي مرارة الجزع في

قلبه، إذا ما وقع، وهو الموصوف بالجزوع؟! فوا حَرّ القلب من مرارة الاقدار، حين يبكي القلب بين الأضلع من غير دموع! وكأنما دواءِ الأقدارِ، هي للحي، موتٌ يُصرف، خلال العمر، بالتقسيط، قبل، أن يذوق مرارةَ كأسِه ساعة مغادرة الدنيا بغير رجوع.

وتَصور معي نفسَيْنا، وهما تعانيان صروفَ الدهر. صغيرة كانت أو كبيرة أو متوسطة القدْر. يوميةً كانت أو أسبوعية، أو سنوية أو دورية أو في الشهر. فسيرى كلٌّ منا نفسه أشبه بشخص يتم إرغامه على شرب شراب مُرٍّ، بالقهر. فلا يكاد يسيغه، ولا هو يقدر على رده أو الامتناع عن تجرعه بالعدد والقدر. إنها مرارة الأقدار، التي تجري علينا قضاءً خلال العمر. لا يُستثنى منها أحدٌ منا، مهما علا عند الله في المرتبة والقدر.

غير أن مرارة تلك الأقدار قد تتحول، إلى حلاوة، من حال طعمِها المُر. وبذلك يتحول فَزَعُنا، من فزع من المكروه إلى فزع إلى الذكر. فهذا رسول الله، وهو عند الله الأشرف منزلة، العظيم القدر، كان إذا حَزَبه مكروه مِن الأمر، فزع إلى الصلاة[30]، وهي التي إنما تقام للذكر. وقد كان يأمر مُؤذِّنه بِلالاً بالمناداة بها، كي يستريح بها، ويصيب حظاً من انشراح الصدر.

ذلك أن ذكر الله بشرطه، يُوسع للعبد في صدره. عندما يستحضره بقلبه. بأن يجعله فوق كل همه. ويشعر بقدرته وقربه، فيتوجه إليه صادقا بسُؤله، موقنا بأنه يعلم حاله وأنه بعينه. وبذلك يتحول نظر العبد من ذات القَدِر إلى النظر فيه إلى ربه، فيتداركه في ذلك القدَر من الله إثنان من أخفياء جُنْدِه: جندي رحمته، وجندي لطفِه. وحينئذ فلا تسال كيف يسوق ربك عبده مِن خوف القدَر إلى ظل لطف الله وأمنه، ويخرجه من عذاب مرارته، إلى رَوْح لطيف وحلو طَعمه. هو في الدنيا لُطف يَمُّن به اللطيف المنان على عبده. وهو للآخرة ذخر يزيده في رصيد أجره، بما يشرح به الصدر للرضا بحكمه، والتشوف والشوق إلى رحمته

ومغفرته وجنة عالية من عنده. وذلك أعز ما يطلبه العبد من ربه. وقد أكرمه بأن هدى قلبه عند نزول القدَر بمُره، لما هداه إلى حسنِ ذكره.

فغير بعيد، جرَبْتُ أن أُهاتف من الأحبة صديقا، لعلني أسمع صوته بعد أن تعسر طريق علاجه، ولم يعد رده على المكالمات، مطاقا. وأنا على حاله، في مرضه الشديد، أكاد أذوب ألما وإشفاقا، وقد جهزت راحلتي وهممت غدوةً، أن أطوي إليه، على بعده، طريقا، لأظفر بحُسن وداع إن كان الله قد قضى لنا فراقا، أو أُونس جنابه، وأُدعمه بما يناسب المقام والسياق. وقد شغلني عنه ما نزل بي من ربي، فلست أجد سعة من الوقت إطلاقا. فإذا بزوجته، تجيبيني لتبشرني بما ساق لطف الله العجيب، من منفذ في طريق العلاج، بعد أن شهد استغلاقا. وفي نفس الحين اتصل بي ابنه، ليمكنني مباشرة من أن أكلم ذاك الصديق وكأنني أراه وأسلم عليه عناقا، وقد حلا معه الكلام وحسُن وراقَ. وكان مُجمله ترديده، لبيتين من شعر العارفين، قد زاد بهما صوته المنهك إشراقا. مزينا ببسمته، يسقي به قلبي من قلبه، متدفقا رقراقا:

إلا اهتديت به اليك طريقا	"يا رب ما مسني قدرٌ بِكرهٍ أو رضا
إني عرفتك في البلاء رفيقا".	أمضِ القضاء على الرضا منّي به

فليسَ أنفعَ في تحصيل هداية الله من ذِكرِه:

والهداية بمعناها الشامل والعام، هي الإرشاد والسَّوْق للسير في الطريق المؤدي إلى ما هو مطلوب على الكمال والتمام. وهي ضروب ومستويات. وفي كل ضروبها ومستوياتها إنما هي

من الله حُسْنُ تدبيرٍ ولطيفُ إكرام. فهي قرينةٌ ما تفرَّد به ربنا مِن خلقٍ وأمرٍ، إذ هي ثالثتهما، ضمن ما امتنّ به على خلقه من إنعام.

فمنها ما ربطَه بخلقه للخَلْق، فجعله طبيعةً وفطرة وجبلّة، إذ خلق المخلوقات وهداها إلى ما يصلحها ويحفظها من الفساد، على الدوام. وذلك كما هو شأن الغرائز التي ترشد وتسُوق المخلوقات الحية إلى فعل ما يضمن استمرار ذواتها وبقاء نوعها في الحياة، من خلايا وأجسام. وكما هو شأن القوانين والسنن والنواميس التي أودعها في الكائنات الجامدة كالذرات والأجرام. وذلك لحفظ نظامها أن يأتي عليه الفساد والاختلال والانخرام.

ومنها ما ربَطَه بتفرده بالأمر، بما هو دعوة للاستقامة والالتزام، فجعله قائما على الاختيار والكسب فيما ابتلى به العباد المكلفين من طاعة واستجابة له، وإسلام. فأنزل الكتب والرسالات، وبعث لتبليغها خيرة خلقه من الرسل الكرام. لإرشاد المكلفين إلى طريق الاستقامة، بما فيه من حق وخير، حيث تُطلب عيش السعادة ويُبحث عن حياة السلام.

غير أن هداية الاستقامة على تكاليف الأمر، لا يكفي فيها مجرد العلم بفقه النهي والأمر، كي تتحقق يقينا وعلى الفور. كما لا يكفي فيها معه أن تتوفر للمريد الإرادة في السلوك، والعزيمة على السير. وإن كان كلاهما بمثابة الجناحين اللذين بهما يجاهد العبد في الله، ليثمر عملا، ابتغاء ما عنده من الفضل والخير. بل إنما هما، ابتداء، هداية من الله، والتي لولاها ما خطرا لنا في القلب او الفكر. فمنه سبحانه إلهام العزم والتوفيق إلى العلم. ومنه، بعدهما، الإمداد بالجهد والقوة والحول. لذلك استحق منا صدقَ التوجه والاستحضار بالذكر. فبذكره تتنزل هدايته، وإن سخر لنا فيها بعضا من الأقدار وبعضاً من الغير.

وقد سبق في المقطع الثاني بعد العشرين مما دونته عن موضوع الذكر، أن نبي الله موسى، وقد أدركه فرعون بجنوده من الخلف، وانحبس من أمامه بالبحر. وأيقن قومه أنهم

102

مُدرَكون من طرف من لجأوا منهم إلى الفرار، وأخذوا منهم كل الحِذر. ما كان منه سوى استحضار معية الله معه بجميل الذِكر، موقنا بأنه سيهديه، مهما صعُب الموقف وعُظَم الخطب ونزل به الجَلَل مِن الأمر. فهداه ربه إلى ما جعل به له ولقومه طريقا يبسا في البحر. وأغرق من أرادوا إدراكهم وإهلاكهم، من الغير.

بل كم نضل، معرفيا، عن معلومة، حتى نكاد نيأس ويضيق، من ذلك، الصدرُ، كما حين يتعذر علينا لمشكلةٍ إيجاد الحل. أو ننسى أين أودعنا شيئا، أو يتعسر علينا استرجاع كلمة سر، فلا نلبث أن تنقدح المعلومة، أو الخيط الموصل إليها في الفكر. فنتذكر أو نعثر على ما نسيناه فجأة، وكأنه مُغَيَّب أطل من بئر. بل كم من مرة نضل عمليا، فنجد أنفسنا في موقف حرج نحتار في أمر أي قرار نتخذه، ويرتبك منا القلب والفكر. فما هي إلا لحظة يرتفع فيها عنا الغبش والتردد، وينشرح منا، لقرارٍ بعينه، انقباضُ الصدر. وندرك بعد حين، أنها هداية الله لنا، من غير تدبير دبرناه، وصرفٌ لنا عن الشر، وسَوْقٍ منه لنا إلى ما هو لنا محض الخير. فكيف يكون حظنا من الهداية، لو أننا التزمنا استحضار ربنا حقا ودوما في كل موقف، وأحسننا له، بصفاته وأسمائه، واجبَ الذِكر؟!

نعم، قد مرّ في المقطع الثالث بعد الثلاثين من هذا التدوين، كيف أننا لا نكاد نفرغ من هموم هذه الدنيا التي تتناوشنا مصادرها في كل موقع وحين. وما تقتضيه النجاة من فتنة تفرُّقِ تلك الهموم، مِن مجاهدة ورياضة على التوجه لرب العالمين، لتوحيد الهم بتحقيق القرب منه، والتحصن بحصنه الحصين. لكن قصدي ههنا أن أشير، ضمن سؤال الرياضة، إلى مثال عملي في هذا السبل.

فعندما تغشاك نوبة من هموم الدنيا بكَلْكَلِها الثقيل، وتصنع لرفعها عنك، ما بلغته يدك وأدركه فكرك من تسبّب وتدبير، إياك أن يجرفك استعجال معرفة النتيجة، بما هي غيب في المستقبل، فيورطك في الانشغال بهواجس التخمين وقلق التفكير. وخيرٌ لك من ذلك، في تهدئة النفس وربط الجأش وإراحة الضمير، أن تستغرق في ذكر ربك الخبير العليم القدير.

فذكره، ههنا، له أربع فوائد من الصنف الثمين: إذ هو الشغل الذي خُلِقْتَ له مع العباد أجمعين. ومنه تجني ما يبقى لك ويثبت من الأجر الجزيل. وبه يبارك لك الله فيما رتبت من أسباب، ويسدد رميتك بها، ويهدي شباك صيدك سواء السبيل. ثم إن ذكر ربك يشغلك عن لظى الانتظار الأليم. ويدفع عنك عذاب الترقب المهين. ويرزقك، في خيرية ما اختاره الله لك، اليقين. ويبعث في قلبك بَرَدَ الطمأنينة، فيغمره الرضا بقسمة الجليل.

فالهم الوحيد الذي يجب على المكلف حمْله، دون تقصير، أو تراخٍ أو تهاون أو غياب، هو طاعة الله في فعلِ ما أمره به، مما أتاح له فيه من قدرة وأسباب. ثم عليه، بعد ذلك، أن يلتزم أمام المدبر العظيم الكبير، ما يقتضيه مقامه العالي من رفيع الآداب. فلا يتعدى صلاحياته إلى صلاحيات العزيز الوهاب. وإنما يلزمه أن يقصده بباب التفويض، ثم يقف حاسرا أمام الباب. فالغيب لا يحيط بعلمه إلاه، وليس غيره في ذلك سوى مُتَقَوِّل كذاب. وكيف لكليل البصر، مثلِنا، أن يرى ما يقبع خلف الحجاب. فليس له، عند ما يغشى سفينته موجٌ كالظلل وتحيط بها كثرة العباب، إلا أن يدعو العلي في علاه الذي لا يُعجز قدرته شيء، ولا يقوم دون علمه أي حجاب. فجرِّبْ رياضة الانشغال بذكر ربك عند كل هم، بعد الاجتهاد في مدافعته بالأسباب. وذلك بذكره بما يناسب الموقف من صفاته العُلى وأسمائه الحسنى، وأنت في غاية من التذلل وبغير حساب، تَرَ، مما يُنزل عليك من سكينته ولطفه وعظيم قدرته، ما هو من عجيب العجب العجاب.

فنحن لا نفتأ نعيش في إطار شبكة من العلاقات تربطنا مع الأغيار، نعبُر من خلالها إلى كثير من مصالحنا، ونحظى فيها بكثير من الاعتبار. وبتضررها، نتخوف من أن تفوتنا المنافع وتلحقنا كثير من المضار. وأحيانا نقع، بسبب ذلك، تحت وطأة الضغط والابتزاز والإجبار. وذلك قصد الاستعباد والإذلال من طرف خبثاء الأنفس الأشرار. أو يدفعنا الحرص والطمع أو الجبن والهلع، إلى الخنوع والتزلف بمهانة وصَغار.

وتلك حال من ارتكس بنفسه في وحل النذالة والحقارة، فمالها من قرار. إذ نكص عن منزلة الكرامة التي بها كرّم الله الإنسان في هذه الدار. فصيّر نفسه عبدا لعباد أمثاله، يبيعهم إياها بأبخس ما تكون الأثمان في القيمة والمقدار. قد ملأ قلبه من خوفهم ورجائهم، ونسي ذكر ربه الغني الوهاب العزيز الجبار. لقد تعلق بمن يموتون ويفنون وهم أعجز من أن ينفعوا أو يضروا أنفسهم، فلا يملكون لها شيئا أمام تصريف ربنا للأقدار. وفي مقابل ذلك، قد غفل عن الحي الباقي، الذي بيده كل نواصي الخلق، وقلوبهم بين إصبعيه يصرفها كيف يشاء ويختار.

فما لكرامة الإنسان بقاءٌ ولا كمال ولا استقرار، إلا بذكر ربه، بصدق في الاستحضار، مع استشعار وضعية الاضطرار. وملازمته مع الثبات عند لقاء كل فئة، وبإلحاح واستمرار. والفزع إليه عند مصادفة كل عنيد متكبر جبار. بعد الاجتهاد في التعقل بالقيام بواجب الأسباب، فيما يُؤتى بحكمة، وما يُجتنب من ردود أفعال السفهاء الأغرار. وعندئذ يرى كيف يغنيه ربه بين يدي من أصرّ على أن يحرمه، ويشاهد كيف يعزه، أمام من أعد له كل أسباب الإذلال والاحتقار.

وانظر إلى أهل الدنيا، لمّا طلبوا عز المناصب وعلو الغنى، بالتملق لأمثالهم من الأغيار، كيف تكون سقطتهم مدوية، تصحبها رائحة الذل والعار. وانظر إلى أهل الله لمّا لزموا ذكره

فيما ساق إليهم من منصب أو كسب مال في هذه الدار، كيف سترهم من ثوب الزهد والتعفف بخير ستار، وأغناهم عن أن تشرئب أعناقهم لتتكفف غير الكبير المتعال. وزينهم بتاج العز بين الخلق، وهم يمشون على الأرض هونا، بدون بهرجة الصِّغار، التي يتصنعها ضعاف الأنفس كي يظهروا على هيئة الكبار. فكيف بهم إذا ارتاحوا من عنتِ الدنيا والتحقوا بتلك الدار، وتلقتهم ملائكة العزيز الغفار. لتبشرهم يومئذ بعظيم البشرى التي هي عقبى الدار !

77. ولا تعارض، في أثر الذكر، بين مقام الولاية ومقام الاتزان:

وللتذكير، ففي المقطع التاسع بعد الستين، وما تلاها في المقطع السبعين، وردَت الإشارة إلى علاقة ذكر رب العالمين، بتحقيق مقام مناعة الاتزان، ومجاهدة إقامة العدل بالموازين. وانتهينا إلى خلاصة هي أننا مبتلون في أمر تحقيق أو التزام الاتزان في كل موقف وحين، بمدى بقائنا واقفين، على نفس المسافة من مختلف الحقوق، منصفين. حيث يلزمنا، أن نعطي لكل ذي حق حقه بالقدر الذي قضت له به كفة الموازين. فننصف أنفسنا من غيرنا، كما ننصف، من أنفسنا، الآخرين.

غير أنّ لمتسائلٍ أن يتساءل: ألا تتعارض المطالبة بحق النفس، التي هي من مقام إقامة العدل بالقسطاس المستقيم، مع ما يفعله طالبي مقام ولاية رب العالمين، من التنازل عن المطالبة بحقوق النفس على سبيل تَصَدُّقِ المحسنين؟ فأقول، وربنا أعلم العالمين: أن ما ثبت من حديثي سلمان الفارسي وعبد الله بن عمرو، حول حفظ حقوق النفس، رضي الله عنهما أجمعين، إنما يثبت ذلك الحق، بما يحفظ علينا القوة، ويضمن لنا الاستمرار على حمل تكاليف الطريق القويم. وهو ما يُفهم من حديثي أنس وأبي هريرة، رضي الله عن الاثنين، في الترفق بالنفس في الأخذ بالدين، وعدم اتباع نهج المتشددين المشين[31].

وكذا حديث الثاني من هذين الاثنين، الذي يرشدنا فيه إلى المقاربة والتسديد، خيرُ الأنبياء والمرسلين، حيث مطلب إصابة الصواب، والتزام القصد في التدين، الذي هو أساس تحقيق الاستقامة والإحاطة المتوازنة بكل جوانب الدين. ولكي نبلغ بنفوسنا الوجهة إلى ربنا سالمين. إذ أن نفوسنا هي مطايانا التي بها نسير إلى رب العالمين، وحتى لا يتقطع بنا السبيل، كما هو مآل أهل الغلو وتجاوزِ الحد الذي حده الله في الدين. وهذا مقام العدل والاتزان، الذي أشرت إليه في ذينْك المقطعَيْن. إذ لا استقامة بدون اعتدال يحفظنا من أن نهلَك بين طرفي إفراط التشدد وتفريط التقصير.

فواضح إذن ألا تعارض بين حفظ حقوق النفس في هذا السبيل، وبين ما نلاحظه من ترك المُشاحَّة في تحصيل حقوقها لدى أهل ولاية الرحمن الرحيم، في معاملاتهم مع الخلق الآخرين. من قبيل السماحة المحمودة عند المقاضاة والبيع والشراء، الموجبة لرحمة رب العالمين. وحتى في ظاهر عدم مطالبتهم بحق تعذَّرَ تحصيله من ذمة الأغيار، فلا شك أن في ظاهر تركه يضيع على يد سفهاء، عذرٌ من خَفيٍّ الأعذار، أو وقع فيه تفويض وتوكيل، من طرف صاحبه، للحي القيوم الرقيب الوكيل، مع ترفُّعه عن حطام الدنيا أن ينال من رفعة خُلُقه القويم، وتخفّف مِن متاعها بالقناعة بالقليل. حتى ليبدو لنا وكأنه من الأغرار المغفلين. لذلك كثيرا ما نصادف عبارة تتكرر في كتب تراجم بعض علمائنا الأبرار العاملين، حيث يقال: "و كانت فيه غفلة الصالحين". في حين أن ذلك قد يكون من مقتضيات مقام من مقامات ذكر رب العالمين.

لقد أوصانا الله رب العالمين، أن نذكره كثيرا في كل حال وحين، وحذرنا من أن ننساه فنكون من الغافلين. وهنا، نجد للغفلة، كما للشطارة، معنيَيْن. فمما نحفظه من أمثال آبائنا وأجدادنا الأولين، أن الشاطر، مهما كان للحساب من المتقنين، لا بد أن تُسقطه شطارتُه فيؤدي ثمنَ الإفطار في السوق مضاعفا مرتين. وأن الفأر الشاطر يُطبق عليه الفخ من خيشومه رغم تحسسه وحذره البالغَيْن. وكذلك الذي يظن الشطارة هي أن يسبق الناس في سوق الدنيا، فيخادعهم من أجل متاع قليل، أو من منصب أو مال زائلين، بتجاوزه ما حده لنا فيها ربُّ العالمين، يسقط ضحية أفخاخها سقطةَ الصيد الثمين.

وانظر إلى مَن حذق في جمْع الدنيا وما قصَّر في ذلك باتباع حيل إبليس اللعين، ومن معه من الشياطين، وجنوده أجمعين، وهو يحسب كل مَن سواه مِن عباد الله مغفلين، كيف يخرج منها، حين يخرج، بخُفَّيْ حُنَين. فتراه قد عجزت قبضة يده عن أن تواصل الإمساك بما قد جمع منها كلَّ السنين، وجزعت نفسه من سائق الموت، فهي في كرب عظيم، فلا دام له متاع الدنيا، ولا سلِم له شيء مما يحسن به لقاء رب العالمين. وهل قارون- الذي كان يفاخر قومه بعلم من شطارة عنده، وقد خرج لهم في زينته- عندما ابتلعته الأرض بمجرد خسفة، سوى فأر قزم صغير، عاجلته مصيدةٌ بغتةً، قد ظل عنها لاهٍ بذكر نفسه، وهو عن ذكر مولاه الحق من الغافلين.

والحقيقة أنّ مَن نسي الله فكان عنه من الغافلين، ينسيه اللهُ نفسَه أن يعمل على نجاتها فيكون من الهالكين. إذ ضل سعيه في الحياة الدنيا وهو يحسب نفسه يحسن صنعا في العالمين.

وكم من امرئ تمرُّ أمامه فرص للاغتناء بالحرام كالصيد الثمين، فتراه متمنعا عن اهتلابها، وهو عنها من المتغافلين، كما لو أنه في عبادة صيام من الممسكين، فيظنه جياعُ الدنيا أحمقاً قد أضاع فرصة العمر التي ما لها مِن مثيل. وكثيرٌ هُم الذين يُرَوْن قد بسطوا أيديهم بما فيها من متاع الدنيا، فيحسبهم الجاهل صنفا من المغفلين. لكنهم في الحقيقة من المتقين، الذين هم الأكياس النبهاء الحذرين.

ومن الأحاجي التي كانت تُحكى لنا، ونحن صبية قبل النوم مِن كُلّ ليل، قصة القنفذ والذئب عندما دخلا لأكل العنب من فتحة سياج أحد البساتين. أما الذئب الذي اشتهر بالشطارة، حتى أنه يشم رائحة الحديد فيما يُنصَب له من طرف الصيادين، فقد أسرف في الأكل حتي ضاقت فتحة السياج عن جسمه البطين. وأما القنفذ فقد تغافل عن جاذبية العنب، فكان كلما أكل حبة ذهب ليروز الخروج من تلك الفتحة، حتى لا يَغْلَق فيها، فيكون الهرب، إذا حضر البستاني، من المستحيل.

ويكفينا بيانا لمعنى الشاطرِ حقيقةً أو الكَيِّ‎س الفطين، بيانُ نبينا البشير النذير، الصادق الأمين. وهو إمام البيان والتبيين. حيث ربطها بمدى محاسبة النفس والعمل لما بعد الموت في كل حين. وتلك نباهة وفطانةٌ لا تكون إلا لمن شغل قلبه بذكر الله دوما ولم يكن من الغافلين. فغض طرفه عن فتنِ الدنيا فكان عنها من المتغافلين. لذلك فأكبر مُغفّل في هذه الحياة، مهما فاق في ذكائه الشياطين، هو من غفل عن حقيقة وجوده، فنسي نفسه، لما نسي أن يذكر ربه، رب العالمين. الذي لا يغفل طرفة عين عما يعمله جميع الظالمين.

وقد قضى ربنا أن يجعلنا في هذه الحياة الدنيا، حيث يقع الابتلاء، مجرد عابرين. إذ كَتب لنا فيها آجالا محددة، فلا بقاء فيها إلا إلى حين. ومهما نجونا فيها من أسباب المنية دهرا، فلن نستمر دوما من الناجين. وانظر إلى من أدركناهم كيف رحلوا بأسباب شتى، وأحيانا غير معروفة حتى. لكن الحقيقة التي تبقى هي أنهم خُلقوا في الدنيا ليرحلوا فيغيبهم الموت عنها أجمعين. وقد كان لي صديق وهو شيخ كبير، عاش فوق المائة والثلاثين، لم يَشْكُ قط من مرض، ولا عرفت نفسه معنى التأوه ولا الأنين، فأتاه الأجل وأنا يومئذ ابن الأربعين.

فما قيامنا بأسباب الحفاظ على الحياة بالوقاية والاستشفاء، إلا من واجب طاعة رب العالمين، الذي فرض القيامَ بها على المكلفين، باعتبارها أمانة تستدعي الحفاظ عليها في كل حال وحين. وأما الغيب فقد حجبه عنا، واستأثر به وحْدَه من دون العالمين، فلا تعلم نفس ماذا تكسب غدا، وهل لا زالت تبقى أم تكون من الراحلين. وبعدها جعل الآخرة، حيث الجزاء، هي الحيوان، التي خُلِقْنا لنكون فيها، بعد موتنا، من الخالدين.

فالعبور في هذه الحياة الدنيا إلى الأخرى هو علينا حَتمٌ، مَهْما حلا وطال لنا فيها البقاء. وهي حقيقة قد يهلك العبد إزاءها بين كابوس همّ الموت وحلاوة سكرة الغفلة. وليس له غير ذكر الله، إذ به تسلم النقلة ويتم به تأمين الرحلة. فلا يبقى له مِنْ هَمٍّ يشغَل البال ويحرك الهِمَّة، عندما يذكر ربه باستحضار المحيي المميت من أسمائه الحسنى، غير الخوف من أن يخسر خاتمته في العقبى. فبذكره نأمن في الحياة الدنيا من الفتنة، فنطمع أن تسلم لنا، عند لُقْيا ربنا، الجرةُ. وتلك هي سبيل من خاف مقام ربه واستعد للموقف العظيم بخير العُدة.

ومما كان يحكي لنا السيد الوالد العباس عن بعض الجيران الفقراء "المرابطين"، أنه لما كان في مرضه المخوف بكى حتى سُمع له خنين. فقال له أحد أولاده: "ما يبكيك يا أبتاه ونحن نحسبك من الصالحين؟". فأجاب: "و الله ما الموت أخافُ، ولكن أبكاني أني ما

أدري حقيقة ما قدمت من خير بين يدي رب العالمين". قال: فكانوا ليلا، وهم خارج حجرته، يرون شبه ضوء من كوة فيها، وليس معه مصباح أو شيء ينير. وكنت أحسبها له عاجل بشرى وكرامة من ربه البر الرحيم.

وأنه كان لضيعتنا، وأنا ولد صغير، جارٌ من كبار الفلاحين، غني زاهد من خيرة المنفقين، يلقي بالمال ذات الشمال وذات اليمين، على الفقراء والمساكين، وقد أغمض، عن عده أو حسابه، العينين. يقال له أبو شعيب، من إخواننا الدكاليين. وقد اشتهر بغض طرفه عن كل من صادفه يسرق شيئا من ضيعته من العاملين. وكان قد استأمن على ماله أحد المستخدمين. فكان هذا المستخدم يواجه سيلا من التحريض على اغتنام الفرصة للاغتناء بأن يسرق من مال ذلك الفلاح الملايين. غير أنه كان يواجه تحريض أولئك الشياطين، بكلام بليغ قوي رصين، لا يُوَفَّق إليه إلا من كان لربه بصدقٍ من الذاكرين: "أرأيتم إن أضجعني الموت وحل بساحتي اليقين، وشرع شريط جميع أعمالي في الحياة الدنيا يمر لي أمام العينين، ومر معه ما سرقته لصاحبي وقد بوأني مقام المستأمن الأمين، فمَنْ لي يومئذ بِرَدِّ كل تلك الملايين، قبل أن تصعد روحي إلى رب العالمين".

قلتُ: وقد أبقاني وأبقاه الله، حتى صادفته يوما يحلق رأسه عند أحد الحلاقين، لعل ذلك في سنة خمسة عشر بعد الألفين، وقد تجاوز سنه الثمانين. حيث نبهني إليه صاحب المحل وذكرني بقصته بعد انصرافه، وكان على وجهه نور بركة الصالحين. فحينها أدركت عمق معنى دعاء أهل المغرب الدارج المفرنس: "اللهم أخرج سَرْبيسَنا على خير". يقصدون بذلك أن يساعدنا الله على إتمام إنجاز مهامنا في هذه الحياة بأمان وسلام تامّين، وأن يكتب

لعبورنا فيها السلامة والتأمين. وعلمت يومئذ أن صاحبنا ما نجا من تلك الفتنة إلا بذكره لرب العالمين. فعسى أن يبلغنا وإياه إلى الأخرى ونحن من الفائزين.

فما نحن في هذه الدنيا إلا رُحَّلٌ عابري سبيل. نسير طوعا أو كرها في كل لحظة تمر من أعمارنا أو حين، فنطويها كما يطوي المسافر طريق المسير، إلى حيث نلقى مولانا ملِك يوم الدين. وعلى طول طريقنا تحتوشنا وتترصدنا، بإضلالها، الشياطينُ، فلا يُطَيِّرها عنا إلا صدقَ ذِكرنا لرب العالمين. وعلى قلوبنا تُعرَض الفتنُ، عودا عودا، كالحصير[32]، وليس لنا مأمنٌ من سكراتها وضغطاتها، غير ذكر الله كحصن حصين. وذلك، حتى يذهب عنا الحزَن والخوف، ونُفضي إليه خِفافا من دَرَن الدنيا، آمنين، وقد أدركتنا رحمته يوم الوزن الحق، وأثقل لنا بفضله الموازين.

أما النور الذي نحتاجه في السير إلى ربنا حتى نلقاه في رضا وسرور، فهو دليل طريق هدايته الذي يهدي به منا العقول، حتى لا تضل في ظلمة من جهالات جاهلية جهلاء كالديجور. ثم، مع ذاك الدليل، توفيقٌ من رحمته، يجنبنا فعل الشرور، ويهدي به قلوبنا ويسدد به ميولنا لإصابة واتباع الحق، ويثبتنا عليه دوما، ويشرح به لنا ومنا الصدور. وكلٌّ من ذاك الدليل وهذا التوفيق، إنما هما من محض فضله العظيم الموفور. فأنّى لمن لم يجعل الله له نورا أن يكون له حظٌّ من نور؟!

و لقد سبق، في المقطع الرابع بعد السبعين من هذا الكلام المسطور، حديثنا عن موضوع الهداية، ولن يزال دوما يدندن حولها ويدور. وفيه تناولنا موضوع هداية الاستقامة وعلاقة

ذكر العبد لله بتَنزُّلها عليه، في بضعة سطور. غير أني هنا أود أن أشير إلى علاقة ذلك النور بحالنا ونحن في هذه الحياة الدنيا نسير في رحلة العبور، فقد بين ربنا كيف يحيي للعبد قلبَه الميت، بالقرآن الذي هو سلطان الذكر، وهو النور. فيمشي به في الناس، وقد أخرجه إليه من الظلمات، فهو على بصيرة يسير. وحيث دارَ ذاك النور، فإنه معه يدور.

فالناس في غمار رحلة هذه الحياة الدنيا فريقان من حيث علاقتهم بالنور. حيث مثّل نبينا، في الحديث[33]، للذي يذكر ربه والذي لا يذكره، بالحي اليقظان والميت المقبور. وإنّ كل ذكرٍ يؤطره القرآن، أو يستهدي به، فهو قبس من ذلك النور. وإذا ما التزمناه بصدق فإنه يُذكّرنا ويعصمنا خلال رحلة العبور. فهو الحبل الذي يربطنا بالطريق الحق إلى ربنا، على طول مسلك المرور، حتى لا نضل أو نَزْوَرَّ أو ننكص على أعقابنا بعد إذ هدانا الله إلى مكمن النور، وقد عَلِمنا أنّا إلى ربنا لا بد أن نرجع يوما ونَحُور. فما أضيع رحلة تغشى أهلَها الظلماتُ في الفيافي أو يعدمون فيها البصيرة مع وجود النور! وكيف برحلة العمر إذا خسر فيها العبدُ نفسَه، وقد فوت عليه سائقُ الموتِ الفرصةَ، وأودعه سجنا بالبرزخ، وأُنزِل منزلا من منازل القبور.

وأما القوة على السير إلى الله، فنجلبها بذكره:

ولقد خُلقنا في هذه الحياة ضعفاء، مهما بدت علينا أمارات القوة. إذ كثيرا ما لا نقوى على الاستغناء في القيام بأمور الدنيا حتى. وقد كان آباؤنا يواجهون التعب في أشغالها وفتور الهمة، بذكر الله، ليستنزلوا به منه العون والقوة. فكيف نقوى على الثبات على السير إلى الله في الأخرى عبر أطول وأشق رحلة، إن لم يمدنا ربنا من عنده بالقوة. وقد عَلِمنا أننا معرضون

خلالها بألوان شتى من الفتنة. فنحن فيها كالذي يصارع أمواجا متلاطمة لا تكاد تهدأ. وما ننتهي من مواجهة إحداها، حتى تَعِنّ تاليَتُها وتبدأ.

وما القوة إلا مزيجا من عزم الإرادة وجهد القدرة. فمَن وهنت منه العزيمة وضعفت منه الإرادة، ذهب عنه نشاط الهمة، ومهما ملك مِن مخزون الجهد والقدرة، لم يَجد له قوة. وكذلك من ملكَ إرادةً وعَدِم في نفسه الجهد والقدرة، كان سيرُه مجردَ أمنيات ليس إلا. في حين أن قِوام السير إلى الله هو إنجاز أعمال للجوارح كانت أم نية، يُراكِم بها في صُحُفِنا الأجرَ، ويُزَكي بها نفوسَنا ويحط بها عنا الوزر. فكيف لِمَن عَدِم إحدى دعامتي إنجاز الأعمال: الإرادة أو القدرة، على السير إلى الله، أن يقوى؟!

ثم إن العبد مهما توفرت له القدرةُ، فإنه مُعرَّض لتعب الطاعة وجاذبية الراحة وإغراء الشهوة. وتلك، في رحلة السير إلى الله، مشكلةٌ أخرى، تجعلنا، رغم توفرنا على حظ من العلم والحكمة، على مكابدة العمل والفعل، لا نقوى. وليس لنا من تلك المشكلة العظمى سوى ذِكر الله القوي الأقوى، ملجأً لضعفنا ومأوى. فالله الذي لا حول لنا ولا قوة إلا به، منه كلُّ ما بنا من رمقٍ وقوة، على غِرار كلِّ ما يشملنا به من فضلٍ ويُمدنا به من نعمة. وهو الذي وعد عباده أن يذْكرهم إذا ذكَروه ذِكْرَ التقوى، وأن يزيدهم مِن عنده إلى قُوَّتِهم قوة. سبحانه، هو المعين الوهاب، وإياه دوما نستعين، وله علينا كل الفضلِ والمنة.

فواجب العبد الأسمى هو التوجه بالعبادة إلى المولى:

ولِسائلٍ أن يسأل فيقول: " إذا كان تأمين أمرِنا في كلِّ مِن السير والوصول، إنما يُرجى مِن ذِكرنا لله، أن يكون، أليس العبد بفاعل في كل ذلك ومسؤول؟". نعم، إنه إن لم يكن

من الله تكليف للناس ما جُعلت لهم عقول، ولا أُنزل إليهم كتابٌ ولا بُعث فيهم رسول. ولكن لا يثبت للعبد مقام العبودية لله، حتى يبرأ من كل ما يحسه في نفسه من قوة أو حول. فيفنى عن كونه فاعلا بنفسه، ولا يراها، في كل فعلِ خيرٍ يفعله، إلا مجردَ مفعول. فهو، كما رأينا في المقطع الأول، غير قائم بنفسه. ولولا فضل الله عليه ما قام ولن يقوم قطُّ.

لهذا فإن العبد الحق لله، لا ينقطع عن التشوف إلى شهود مِنَنِ مولاه عليه. وكلُّ همه أن يكشف مزيدا من الحجب عن قلبه، حتى لا يغيب فضل الله عن عينيه، فيكُنْ ممن يكفر بما أسبغ منها عليه. فقد أدرك أن من يعلم الله في قلبه خيرا، فإنه ينعم بالخير عليه. لذلك فهو منشغل دوما بإصلاح قلبه، وتنقيته من كل وصف ذميم يباعده عن مشاهدة فضل ربه عليه. مِنْ كِبر وعُجْبٍ وغرور وحسد وطمعٍ وغل، وما إليه، من الأمراض التي تتربص بالقلب أو تعشعش فيه أو تَرِد عليه. والتي أهلكت، ولا زالت تهلك، أهل العلو والاستكبار في الأرض بغير حقٍّ يستندون إليه. وعلى رأس هؤلاء: إبليسُ الذي غوى بعد حال الخير الذي كان عليه.

ذلك أن العبد الحق يعلم أن القلب هو محل نظر الله إليه. وهو مركز القيام بالعبودية له. ومكان حضور النية الذي تقوم كل أعمال العبادة عليه، فهو، من أن تصيبه لوثةٌ، أشد حرصا عليه. ولا يرى له شغلا في هذه الحياة إلا أن يستحضر عظمة آلائه عليه، فيُسبحه ويُكبِّره، ويتوجه بخالص الحمد والشكر إليه. ويوحده توحيد المضطر المحتاج، في كل طرفة عين، إليه. فلا يرجو سواه أو يخاف غيره، مُرجعا ومفوضا له الأمر ومتوكلا عليه. ولا ينفك عند كل غفلة أو زلة يستغفره ويتوب إليه. فلا يزال لسانه رطبا بذكره والثناء عليه.

ثم إنه في كل ذلك، يطيع مولاه تقربا إليه، وذلك بالقيام بكل ما شرع من أسبابٍ، جلباً لمصلحةٍ أو دفعا لمفسدة من حواليه. ويُقبل على كل ما افترضه عليه، مع الإصابة مما ندبه إليه. إرضاء له بذلك وتوسلا منه به إليه. فتلك كل مسؤولية العبد، بعد إخلاص القلب له في

التوجه إليه. وما عدا ذلك فهو من أمر المولى، إذ العبد الحق لا يقدم بين يدي مولاه فيُملي عليه أمرا أو يعترض عليه. مع أن هذا المعنى، قد سبقت، في هذا التدوين، الإشارة إليه.

وإنما نحن مِلْك لله، وإن مرجعنا إليه.

فلله كل من في السموات والأرض، لا يعزب أحد منهم عن واسع علمه. وما نحن إلا بعضا ممن خَلَق، من كثير من خلقه، واقعون تحت تصرفه وضمن واسع ملكه. فليس لنا من أنفسنا شيء، وكل ما لنا فهو من عنده. يبسطه لنا إذا شاء، إلى الأجل الذي يشاء. وإذا شاء قَبَضَنا وقبضه متى يشاء إلى جنبه. سبحانه يخلق ما يشاء، ويفعل ما يريد، ولا يُسأل عن تركه أو فعله. ولا من يردُّ قضاءه إذا قضى، فهو يقضي ويحكم، لا مُعقِب لحكمه. وتلك حقيقة كونية تُدرك بالبديهة، وتريح النفس، لكن مِن طَرَفِ مَن لزم لله درب ذِكره.

ثم إن فعله بحكمته مُقدّر حين يمضيه في خلقه. إذ يباشر الحكم ويُدبر الأمر في ملكه. وهو منزه عن العبث في كل ما هو من فعله. لا يجاوز كلماته أحد، ولا يعجزه مخلوق في سمائه وأرضه. ولا يستطيع أن ينفذ من أقطار السموات والأرض، فيخرج عن سلطانه وطَوْعه. وهو محيط بكل سرائرنا وأحوالنا بلطيف علمه، يصرِّف فينا أقداره بحكمته وقسطاس عدله. وله علينا الحجة البالغة فيما يُجري علينا من أقدار من عنده. وهو أمر يبعث في النفس، بعد الراحةِ الطمأنينةَ. لكن لا يبصره منا، إلا من اكتحلت بصيرته بذِكره.

ثم إننا بعد ذلك لَمَيتون وراجعون حتما إليه. حيث لا بد يوما من أن نُرَدَّ إليه ثم نَرِد عليه، فنقف طوعا أو كرها بين يديه. وإننا يومئذ لمسؤولون عما عملنا من عمل، ونحن واقفون خاشعين متطلعين إليه. وقد تَجرَّدنا من كل ما استخلفنا فيه من مال إذ أخذه منا إليه، بعد ما ظننا أنه سيبقى وأننا سنبقي عليه، حين نسينا ذكر الله في كل حين ولم نداوم عليه.

فليس لنا إزاء مصيبة الموت قبل حلولها، غير ذكر الله وإدامة التوبة إليه. فذِكر الله إنما هو التعرف إليه في رخاء الدنيا، قبل أن تحل علينا الشدة حين يقبضنا إليه. والتوبة في هذه الحياة إنما هي أوبة مستمرة ورجوع دائم إليه، قبل أن يباغتنا الموت فيسوقنا كرها إلى مولانا، ويُرجعنا رغماً إليه.

فأما عن مدافعة الشيطان، فقد سبقت الإشارة، في المقطع السابع من هذا الكلام، إلى ما يتركه الذكر، في ذلك، من آثار. غير أننا نرجع هنا إلى الموضوع ببعض بيان. فقد عَلِمنا مقدار مكر إبليس، وما تعج به جعبة ذلك العدو الفتان، من وسائل الغواية والإغواء، وما يتمتع به مِن إتقان حِيَل الوسوسة والإيحاء، لتزيين المنكر، وتسويغ فعلِ المنكر والشر، وتثبيط العزيمة على صنع المعروف والخير، والدعوة إلى الإثم والعدوان، والتمكين في النفوس، للتمرد والعصيان.

وقد أرشدنا ربُّنا، بنص القرآن، إلى الاستعاذة به من نزغ الشيطان. فنبهنا، من خلال خطابه لنبيه الحبيب، فقال: "وإما ينزغنك من الشيطان نزغ فاستعذ بالله إنه هو السميع العليم". ومعنى النزغ، الإفساد والإغواء والإغراء، وما يعادلها من معانٍ، وقد ورد في تفسير النزغ، هنا، أنه الإغضاب الذي يعترينا بسبب استفزاز الجاهلين، فيجعلنا عاجزين عن الإعراض عنهم، ويدفعنا إلى مجاراتهم في نفس الأفعال.

فنبهنا، سبحانه، إلى اللجوء إلى جنابه، بالفزع إلى حصنِ ذِكره، في هذه الحال، بأن نستجير به مِن نزغِ ذاك اللعين الفتّان. وذلك، باستحضار أنه سبحانه وتعالى سميع، يسمع جهل الجاهلين علينا، مهما كان. عليمٌ، يعلم ما يُذهِب عنا نزغ الشيطان. وقد بين لنا نبينا الكريم أن الشيطان واضعٌ خرطومه على قلب الإنسان، فإذا غفلنا عن ذكر الله، وسوس لنا بسوء الفعال، لكنه يخنس إذا ذكرنا الله في أي آن، فيكفينا شره بذلك، حتى لكأنه ما كان. وقد أثنى الله على أولئك الذين، إذا مسهم طائفٌ من الشيطان، تذكروا، فإذا هم قد رجع

إليهم الإبصار. ذلك، أنّ ذِكرَ الله حرزٌ منيع يمنع من نزغِ الشيطان، وحصنٌ حصين من وسوسته للإنسان.

*

وأما عن مدافعة النفس في تَفَلُّتِها وجنوحها إلى الميلان، قصْدَ ردّها إلى سبيل الرشد وطريق الاعتدال، فقد عَلِمنا ما توسوس به للإنسان، من ظنون السوء وخوطر الضرار، وما تعجُّ به، من نوازع الشر، وما ينبعث فيها من دوافع الشح والميل إلى التكاسل والإثّقال، وما تتقنه من تبريرٍ لتمرير منكَر الافعال، وما تبْرَع فيه مِن تصنُّع الأعذار للتسويف والتخلف عن البدار إلى العمل لتلك الدار. ومعلوم أن السير إلى الله، بالقيام بحقه في العبادة، ليس سوى مجاهدة للنفس باستمرار. وهو سير ومسار تواجهه أمور كصار، منها: تَقلُّب القلب من حال إلى حال، وتفلُّت النفس عن تحرير القصد وتحقيق مقتضى الإيمان، وميل الجوارح إلى التكاسل عن بذل الجهد، والمرابطة في رباط الاصطبار، والإخلاد إلى الأرض، والميل إلى الاثّقال.

وإن لزوم ذكر الله، باستحضار صاحب الذات العلية، المذكور في الأذكار، والتوجه إليه بصحةِ قصدٍ وصِدقٍ نية، كل ذلك جدير بأن يجعله، سبحانه، أن لا يكِلنا إلى أنفسنا أو إلى سواه من الأغيار. وأن يتداركنا بإلهام التوفيق والإعانة على بذل الجهد، على صراط من استقام. ويمنحنا الثبات على الأمر ويختار لنا العزيمة على الرشد، باستمرار، ويمدنا بالقوة والحول، على الإقصار عن الشر، وتجنب صراط من المغضوب عليهم، ونبذِ طريق أهل الضلال، ويقسم لنا حظا من المسارعة إلى الخير، ويثبت عليه الأقدام.

فليس خيرٍ مِن ذِكر الله على كل حال، يُغلِّبنا على تغول النفس، فتتذل لنا، وتُسْلِم الزمام. لأنها، تكون في تهذيب الطبع، كالحصان: يكون، في بعده عن الناس، وحشيا مندفعا مُجْفِلا، صعب المِران، فيتذلل بقدر مخالطته وقربه من الإنسان. وإذا كان الله تعالى قريبا أصلا، باسط يده بالليل والنهار، فإن العباد هم من يبعدون عنه أو يتقربون منه، حسب الحال. وبقدر ما تقربت النفس من ربها خطوة، أذهب عنها رعونة التمرد وجُفول العصيان، وسقاها من كأس انقياد وإسلام أهل الطاعة التقوى، وليونة أهل الإيمان. وما ذلك إلاّ لأن الذكر هو الحبل الذي يتحقق به قربها من الله باستمرار، بقدر ما كان في كل الأحيان، وعلى الدوام.

إن ذكر الله، خير ما شغل به المرء وقتَه بدون استثناء. وهو العمود الفقري لكل صلة مع رب الأرض والسماء، وهو العبادة التي تبقى مقدورا عليها في كل الأحوال، ومن طرف أي كان، وفي كل الأثناء، تكون بمجرد القلب واللسان وبدون عناء، وقد يتم، في النفس، سرا كما يقام به جهرا.   بل هو العبادة العابرة لكل العبادات ينتظمها جمعاء، يخترقها   كما يخترق الدم سائر الأعضاء، بل يقال حتى عند إتيان العادات، كالتهيؤ للنوم ولأكل الطعام، وشرب الماء، فتتحول إلى طاعة وقربى. وعلى قدر ذكرهم لله، يكون الناس كالأموات أو كالأحياء. لذلك كان هو أ كل الطاعات. تشهد له البقع يوم القيامة

غير أن مقصد الذكر لا يتحقق حقا، إلا باستحضار الوقوف بين يدي رب العزة، والقيام بتعظيمه في الحضرة. وانظر كيف لمّا كانت الصلاة، التي هي عمود الدين وعلامة الملة، إنما جعلها الله تقام لذكره، إنما يكون لها الأعتبار، بمدى خشوع العبد فيها وحضور قلبه، وما يبديه من توقير وإجلال ربه. فترى آثار ذكر الله على جوارحه وجسمه. وهي الآثار التي تأخذ، شيئا فشيئا، في الانتشار، حتى تشمل سلوكه بأسره، فيصبح كله لله وبالله ومن الله، في علانيته وسره. فتتجلى تلك الآثار، في حبه وكرهه، وفي انبساطه وصبره، وفي وحشته وأنسه. فهو يحب بحب الله ويصبر لله، ولا يأنس إلا بقربه. فيحلو له معه التوجه بالدعاء، ويكف عن الشكوى إلى غيره.

وتلك هي جنة الذكر وروضه اللذان يضوع منها أريج القرب من الله وعطرُه. جنة فيحاء يتنعم فيها أهل الله، بذكر المحبوب، الذي لا إله غيره، بطيب الكلام، الذي يتردد فيه اسم الله، ويتكرر فيه وصفه ونعتِه. والتحدث بمواطن إنعامه وفضله، مقترنا بالتفكر في مُلكه وخَلْقه. وقد ذاقوا لذة تمجيده ومناجاته وحمده، واطمأنوا إلى الأُنس بجنابه وقربه. فبهم يباهي الله ملأه من خَلْقه.

فطوبى لعبد ذكر الله خقَّ ذِكره، حتى بارك له به وعليه، فذكره عند عملٍ متقربا به إليه، واستحضر أنه المقصود به من دون غيره، وأنه له ومنه وإليه، فأخلصَ له فيه، حتى حببه فيه

وإليه، وأمده بالعون والقوة عليه، ثم أجزل له عظيم الثواب والأجر عليه. وجعل البقعة التي عمله فيها، تشهد له لا عليه. و عصم بذلك الذكر لسانَه من قول الزور أن يجري عليه، ومن الشكوى إلا إليه. وسَرَت آثار ذلك الذكر على وجهه بالرضا حتى شع نوره عليه، وسرت إلى أخلاقه بالحسن، حتى تضوعت كأريج المسك على كلِّ مَن هم مِن حواليه؛ فكفاه شر نفسه، وعصمه من الشيطان وصرف عنه كيده، فسارا هيِّنان عليه. ورفع مقامه بين الخلق، حيث وثَّق الصلة بينه وبين ربه، فهو لا ينفك عن السير في ظل حضرة المحبوب الأعز إليه. ولا يزال، في كل لحظة، يتعرض لفيضه ففضله، وهو في كل لحظة، يتقرب إليه. فما أُحَيْلَى جنة الذاكرين الفيحاء، وأَنْعِمْ بها مِن جنة! فاذكر ربك إذا نسيت، لا تغفل عنه! ولكي يرضى، اعْجَلْ إليه!

هوامش

(1) فيما ورد في الحديث الذي رواه البراء بن عازب (ض)، وأخرجه البخاري في صحيحه تحت رقم 5011، بلفظ: "كَانَ رَجُلٌ يَقْرَأُ سُورَةَ الْكَهْفِ، وإِلَى جَانِبِهِ حِصَانٌ مَرْبُوطٌ بِشَطَنَيْنِ، فَتَغَشَّتْهُ سَحَابَةٌ، فَجَعَلَتْ تَدْنُو وتَدْنُو وجَعَلَ فَرَسُهُ يَنْفِرُ، فَلَمَّا أَصْبَحَ أَتَى النبيَّ صَلَّى اللهُ عليه وسلَّمَ فَذَكَرَ ذلكَ له فقال: تِلكَ السَّكِينَةُ تَنَزَّلَتْ بالقُرآنِ".

(2) قد ورد معناه في الحديث الذي رواه أبو هريرة (ض) فيما أخرجه أبو داود في صحيحه تحت رقم 4855 ولفظه: "ما من قوم يقومونَ من مجلسٍ لا يذكرونَ اللهَ فيِةْ إلا قاموا عن مثلِ جيفةِ حمارٍ، وكان لهم حسرةٌ".

(3) الحديث رواه عبد الله بن بسر وأخرجه الترمذي في صحيحه تحت رقم 3375. ولفظه: "أنَّ رجلًا قال يا رسولَ اللهِ إنَّ شرائعَ الإسلامِ قد كَثُرت عليَّ فأخبِرني بشيءٍ أتشبَّثُ به قال : لا يزالُ لسانُك رطبًا من ذكرِ اللهِ".

(4) ورد في قوله تعالى ضمن الآية 154 من سورة آل عمران: "﴿ وَطَائِفَةٌ قَدْ أَهَمَّتْهُمْ أَنفُسُهُمْ يَظُنُّونَ بِاللَّهِ غَيْرَ الْحَقِّ ظَنَّ الْجَاهِلِيَّةِ.الآية". والمقصود جماعة من المنافقين وضعيفي الإيمانَ، الذين شغل بالهم خلاص أنفسهم يوم غزوة أحد فليس لهم همٌّ غيرها.

(5) القصة من بين ما وردت فيه، سورة الأنبياء الآيتان 87 و88، يقول تعالى: "وذا النون إذ ذهب مغاضبا فظن أن لن نقدر عليه فنادى في الظلمات أن لا إله إلا أنت سبحانك إني كنت من الظالمين . فاستجبنا له ونجيناه من الغم وكذلك ننجي المؤمنين".

(6) من حديث أخرجه الشيخان عن أبي بكر الصديق (ض). ولفظه: "نظرتُ إلى أقدامِ المشركين ونحن في الغار وهُم على رُؤوسِنا فقلتُ: يا رسولَ الله لو أنَّ أحدَهم نظر تحت قدَميْه لأَبْصَرَنا. فقالَ: «ما ظَنُّكَ يا أَبا بكرٍ باثنين اللهُ ثالثُهما»..

(7) قول ابن عباس رضي الله عنهما. نصه: "ليس لك من صلاتك إلا ما عقلت منها".

(8) "وأنَّهُ كَانَ رِجَالٌ مِّنَ الإنسِ يَعُوذُونَ بِرِجَالٍ مِّنَ الْجِنِّ فَزَادُوهُمْ رَهَقًا". الجن. آية 6.

(9) الآية 50 من سورة القلم: "فَاجْتَبَاهُ رَبُّهُ فَجَعَلَهُ مِنَ الصَّالِحِينَ".

(10) الآية 52 من سورة الصافات " فَاطَّلَعَ فَرَءَاهُ فِى سَوَاءِ ٱلْجَحِيمِ ".

(11) بمعنى تفجرت فسمع لها صوت أو دوي الانفجار.

(12) إشارة إلى ليلى التي جن بعشقها قيس. ونقصد فيما يعشق من نفسه ويحب.

(13) إشارة إلى قوله تعالى في الآية التاسعة من سورة يونس.

(14) إشارة إلى الآية الكريمة رقم 17 من سورة محمد.

(15) "ألا أنبِّئُكُم بخير أعمالِكُم ، وأزكاها عندَ مليكِكُم ، وأرفعِها في درجاتِكم وخيرٌ لكُم من إنفاقِ الذهبِ والورِقِ ، وخيرٌ لكُم من أن تلقَوا عدوَّكم فتضربوا أعناقَهُم ويضربوا أعناقكُم؟ قالوا : بلَى . قالَ : ذكرُ اللهِ تعالى" قال معاذُ بنُ جبلٍ : ما شيءٌ أنجى من عذاب اللهِ من ذِكرِ اللهِ تعالى". حديث خرجه الترمذي في صحيحه عن أبي الدرداء. رقم3377.

(16) الحديث رواه أبوهريرة، وأخرجه البخاري في صحيحه تحت رقم 1897، ونصه:"أنَّ رَسولَ اللَّهِ صَلَّى اللهُ عليه وسلَّمَ، قالَ: مَن أَنْفَقَ زَوْجَيْنِ في سَبيلِ اللَّهِ، نُودِيَ مِن أبْوَابِ الجَنَّةِ: يا عَبْدَ اللَّهِ هذا خَيْرٌ، فمَن كانَ مِن أهْلِ الصَّلَاةِ دُعِيَ مِن بَابِ الصَّلَاةِ، ومَن كانَ مِن أهْلِ الجِهَادِ دُعِيَ مِن بَابِ الجِهَادِ، ومَن كانَ مِن أهْلِ الصِّيَام

121

دُعِيَ مِن بَابِ الرَّيَّانِ، ومَن كانَ مِن أَهلِ الصَّدَقَةِ دُعِيَ مِن بَابِ الصَّدَقَةِ، فَقالَ أَبُو بَكرٍ رَضِيَ اللَّهُ عَنهُ: بِأَبِي أَنتَ وأُمِّي يا رَسُولَ اللَّهِ ما على مَن دُعِيَ مِن تِلكَ الأَبْوَابِ مِن ضَرُورَةٍ، فَهَل يُدْعَى أَحَدٌ مِن تِلكَ الأَبْوَابِ كُلِّهَا، قَالَ: نَعَمْ وَأَرْجُو أَنْ تَكُونَ مِنهُمْ".

(17)	المغسل في دارج أهل المغرب هو إناء معدني مستدير له غطاء مقعر ومثقب ليجمع الماء المستعمل في غسل اليدين، حيث يطوف به الخادم على الجالسين قبيل وبعد تناول الطعام.

(18)	القطار هو إبريق كبير يوضع فيه الماء ومنه يتم تقطيره لغسل اليدين في المغسل، حيث يكونان متلازمين.

(19)	القباش21، عبارة عن قفة مصنوعة من سعف النخيل، بيضوية الشكل لها فتحة ضيقة إلى حد ما. غالبا ما كانت تستعمل في التسوق والتبضع.

(20)	هوخبز يكثر لعجنته الماء ويطهى بفرن على الحصى.ويسمى خبز تفرنوت أيضا.

(21)	الدوار في المغرب، هو تجمع سكاني في البادية، من عشرات الدور والعائلات.

(22)	ورد " وَاعْلَمْ أَنَّ النَّصرَ مع الصَّبرِ "، في حديث رواه ابن عباس (ض)، وأخرجه الترمدي. وورد في نفس المتن: " واعْلَمْ أَنَّ النَّصرَ في الصَّبرِ".

(23)	الأنبياء،الآية 83 " وَأَيُّوبَ إِذْ نَادَى رَبَّهُ أَنِّي مَسَّنِيَ الضُّرُّ وأَنتَ أَرْحَمُ الرَّاحِمِينَ".

(24)	جزء من حديث رواه أبو سعيد الخذري. أخرجه البخاري(1469)ومسلم(1053).

(25)	جزء من دعاء طويل في حديث رواه ابن عباس (ض) وأخرجه أبو نعيم في الحلية

(26)	المازوخية اضطراب نفسي في الشخصية، يجعلها تميل إلى إيذاء وتعديب ذاتها.

(27)	رزان بمعنى رزينة.

(28)	سورة الكهف، الآية 24.

(29)	سورة الرحمن الآية 46.

(30)	الحديث رواه حذيفة بن اليمان وأخرجه أبو داود في صحيحه. ولفظه: "كانَ النَّبِيُّ صلَّى اللَّهُ عليهِ وسلَّمَ إذا حزبَهُ أمرٌ صلَّى". وفي روايةٍ: "فزع إلى الصلاة"

(31)	حديث سلمان الفارسي رواه وهب بن عبد الله وأخرجه الترمذي في صحيحه، فيه قال لأبي الدرداء: "إنَّ لنَفْسِكَ عليكَ حقًّا، ولِرَبِّكَ عليكَ حقًّا، وَلِضَيْفِكَ عليكَ حقًّا، وإنَّ لأهلِكَ عليكَ حقًّا؛ فأعْطِ كلَّ ذي حقٍّ حقَّهُ، فأتَيَا النبيَّ صلَّى اللهُ عليه وسلَّمَ، فذَكَرَا ذلكَ، فقال له: صَدَقَ سلمانُ". وحديث عبد الله بن عمر أخرجه البخاري في صحيحه (5199)، فيه:" يا عَبْدَ اللَّهِ، ألَمْ أُخْبَرْ أنَّكَ تَصُومُ النَّهارَ وتَقُومُ اللَّيْلَ؟ قُلتُ: بَلَى يا رَسولَ اللَّهِ، قالَ: فلا تَفْعَلْ، صُمْ وأفْطِرْ، وقُمْ ونَمْ، فإنَّ لِجَسَدِكَ عليْكَ حَقًّا، وإنَّ لِعَيْنِكَ عليْكَ حَقًّا، وإنَّ لِزَوْجِكَ عليْكَ حَقًّا". وحديث أنس بن مالك رواه البخاري في صحيحه، وفيه أن النبي (ص) قال للرهط المتشددين على أنفسهم: " أمَا واللَّهِ إنِّي لأَخْشَاكُمْ لِلَّهِ وأَتْقَاكُمْ له، لَكِنِّي أصُومُ وأفْطِرُ، وأُصَلِّي وأرْقُدُ، وأَتَزَوَّجُ النِّسَاءَ، فمَن رَغِبَ عن سُنَّتي فليسَ مِنِّي". وحديث أبي هريرة رواه البخاري، وفيه: " إنَّ الدِّينَ يُسْرٌ، ولن يُشادَّ الدِّينُ إلَّا غَلَبَهُ، فسَدِّدوا وقارِبوا وأبْشِروا، واستعينوا بالغَدْوةِ والرَّوْحةِ وشيءٍ من الدُّلجَةِ".

(32)	الحديث رواه أبو بكر بن العربي في القواصِم من العواصِم، بنصٍ: "تُعرَضُ الفِتنُ على القلوبِ كالحصيرِ عودًا عودًا ، فأيُّ قلبٍ أشربَها نُكِتَتْ فيه نكتةٌ سوداءُ فيصير أسودَ مربادًّا كالكُوزِ مُجَخِّيًا، لا يعرفُ معروفًا ولا يُنكِرُ إلا ما أُشرِبَ من هَواهُ".

(33)	نص الحديث: "مَثَلُ الذي يذْكُرُ رَبَّهُ والذي لا يذْكُرُ رَبَّهُ، مَثَلُ الحَيِّ والمَيِّتِ". أخرجه البخاري عن أبي موسى الأشعري. رقم 6407.

فهرس المحتويات

20   ليس لنا إلا الله دوما، فلنحرص على أن نذكره كلما نسينا:

21   أمْنُك الروحي، يتطلب فهم طبيعة معركتك مع الشيطان:

22   فلْنذكر، حين نغتر بوهم قوتنا، ألاَّ قوة لنا إلا بالله:

23   فاذكر ربك إذا نسيت، ففي كل موقف لنا شيطان يُنسي:

24   ذكر الله سبب فوق الأسباب، يثبتنا به عند أي اضطراب:

25   لا تنس ذكر ربك بذكر نفسك، بل أذكر نفسك بذكر ربك:

26   ذكرُ العبد لله، حين يشغله أمرُ نفسه، هو الملاذ من نقصه:

27   إن الله يذكر عبده، فيجزيه عن ذكره، لكن إذا ذكره بشرطه:

28   وفي مجال ذكر ربنا، لنا أسوة حسنة في صفوة خلقه.

29   ومع الأنبياء والمرسلين، نتأسى بغيرهم من أهل اليقين:

30   نَعمْ، مثالان يكفيان:

32   فوآهٍ من الدنيا على القلب، لولا ذكر الله، كيف نأمن عليه:

33   إن الذكر هو أساس حضور العبد مع الله:

34   فالذكر روح كل عبادة، وبرسومها يحيى ويتحقق الذكر:

36   روضة الذكر لا تُنال إلا برياضة للقلب ليتذوق الحضور:

37   وبذكر الله حقا، يكون فناء العبد عن نفسه وبقاءه بالله:

38   وبمعالجة نفوسهم بذكره، وثِقَ أهل اليقين في فضل الله: